海南省里程费改革关键问题研究

虞明远　耿蕤　著

人民交通出版社股份有限公司

北京

内 容 提 要

我国以车购税、燃油税和通行费为主体的交通税费体系支撑了公路交通三十多年跨越式发展。为建立长期、稳定、可持续的公路交通发展资金保障体系，提升公路网服务效率与水平，加快形成现代化交通体系，需要未雨绸缪，重构和创新交通税费体系。里程费改革无论是在技术创新、模式创新还是在管理创新方面，都是一项颠覆性的重大改革，亟须对其进行政策研究、技术开发和实践探索。本书利用海南省得天独厚的改革试点优势，重点探讨了里程费改革的必要性和可行性、里程费内涵和税费制度选择，并就海南省发展的现实状况，分析了里程费与现行税费的关系，里程费征收范围、费率体系、征收机构、管理模式、自由流收费技术路径选择、社会影响和风险分析、相关法律问题解析等关键问题，提出基于里程费改革的海南省公路投融资创新思路。

图书在版编目(CIP)数据

海南省里程费改革关键问题研究 / 虞明远，耿蕤著. — 北京：人民交通出版社股份有限公司，2023.6
ISBN 978-7-114-18882-4

Ⅰ.①海… Ⅱ.①虞… ②耿… Ⅲ.①公路运输—交通运输管理—税收改革—研究—海南 Ⅳ.①F812.766.042

中国国家版本馆CIP数据核字(2023)第125732号

Hainan Sheng Lichengfei Gaige Guanjian Wenti Yanjiu

书　　名：	海南省里程费改革关键问题研究
著 作 者：	虞明远　耿　蕤
责任编辑：	岑　瑜　刘紫娟
责任校对：	孙国靖　刘　璇
责任印制：	刘高彤
出版发行：	人民交通出版社股份有限公司
地　　址：	(100011)北京市朝阳区安定门外外馆斜街3号
网　　址：	http://www.ccpcl.com.cn
销售电话：	(010)59757973
总 销 售：	人民交通出版社股份有限公司发行部
经　　销：	各地新华书店
印　　刷：	北京虎彩文化传播有限公司
开　　本：	787×1092　1/16
印　　张：	8.5
字　　数：	119千
版　　次：	2023年6月　第1版
印　　次：	2023年6月　第1次印刷
书　　号：	ISBN 978-7-114-18882-4
定　　价：	69.80元

(有印刷、装订质量问题的图书，由本公司负责调换)

《海南省里程费改革关键问题研究》

编写人员

虞明远　耿　蕤　张学弛　冯　开　张玉玲

周　密　王　洋　侯德藻　彭礼平　卢立阳

朱志强　袁茂存　李小燕　浦　亮　陈志宇

王　皓

前　言

　　1994年，海南省实行燃油附加费改革，将过路费、过桥费、公路养路费和公路运输管理费"四费合一"，统一征收燃油附加费。该模式取消设卡收费，使全省公路实现了"一脚油门踩到底"。2008年12月，国务院发布《国务院关于实施成品油价格和税费改革的通知》（国发〔2008〕37号），于2009年1月1日开始在全国范围内统一取消公路养路费、航道养护费、公路运输管理费、公路客货运附加费、水路运输管理费、水运客货运附加费，提高成品油消费税（以下称"燃油税"）单位税额。在国家成品油税费改革背景下，经国务院特许，在海南省燃油附加费中取消公路养路费、公路运输管理费两项费用，改为由国家在成品油消费税中统一征收。2008年12月，海南省颁布施行了《海南省机动车辆通行附加费征收管理暂行规定》，保留过路费、过桥费，在燃油销售环节开征高等级公路车辆通行附加费。基于岛屿地形的先天优势，海南省"一脚油门踩到底"的燃油附加费改革取得了良好的实施效果，为全省公路建设提供了较为稳定的资金来源，是海南经济特区改革的重大成果和亮点，是海南经济特区改革精神的集中体现，在海南建省10周年和20周年时，这项改革分别被评为

"最满意的政府十件事之一"和"建省办经济特区二十周年十大新闻事件"之一。

海南建省30周年之际印发的《中共中央 国务院关于支持海南全面深化改革开放的指导意见》赋予了海南经济特区改革开放新使命，明确建设自由贸易试验区和中国特色自由贸易港，要求海南省在建设现代化经济体系、提升旅游消费水平、服务国家重大战略、加强社会治理、打造一流生态环境等方面走在全国前列。

交通运输贯穿生产、流通、消费各个环节，是海南经济特区现代化经济体系建设的先行领域和重要支撑，需要加快形成安全、便捷、高效、绿色、经济的现代化交通体系，推动交通高质量发展，充分发挥交通的基础性、先导性、战略性和服务性作用，全力支撑中国（海南）自由贸易试验区、中国特色自由贸易港、全域旅游等的建设发展，促进海南成为新时代全面深化改革开放的新标杆。

一方面，公路网系统作为交通基础设施的重要组成部分，不仅需要完善路网功能，补齐能力短板，扩大优质增量供给，更需要增强耐久性、可靠性和韧性，提升数字化、智能化、网联化水平，加快推动其由高速发展转向高质量发展，因此需要构建可持续的公路建养资金保障体系。海南生态文明建设明确加快推广新能源汽车和节能环保汽车，并在全省逐步禁止销售燃油汽车，此政策取向将动摇现行车辆通行附加费征收基础，而新能源车辆同样需要使用公路并使公路产生损耗。一正一反两方面影响，将使公路建养资金供需矛盾加剧。

另一方面，随着海南省全域旅游的发展，海南全省路网交通流量增速加快，高速公路拥堵情况频繁出现，在节假日重点路段上尤为突出，而现行燃油附加费征收模式无法有效调节交通流量和提升整体路网运行效率。此外，现行征收模式无法解决公众长期诟病的"在城市道路行驶车辆需要缴纳用于公路建设的车辆通行附加费"的税费负担公平性问题。

为促进海南公路事业持续、健康发展，提升公路网服务效率与水平，加快形成现代化交通运输体系，需要开拓思路、提前谋划、勇于创新，积极利用科技手段探索开辟新型公路收费模式。

里程费是运用自由流收费技术，按照实际行驶里程，针对不同道路的功能与等级、不同车辆类型与排放水平，采用差异化费率，精确计量支付的道路使用费用。

从征收效率的角度考虑，里程费实施的前提条件是实现自由流收费。随着卫星定位、精准地图、移动支付等科技发展，在车辆处于自由流状态下，采用动态车辆识别技术绑定支付账户并配合信用体系便捷收取里程费具备了技术可行性。

采用自由流收费技术可避免内陆省区市设站收费产生的种种弊端，因此，探索用按照行驶里程计征的里程费替代现行按照燃油消耗量计征的车辆通行附加费和燃油税，对公路建设投融资、生态环境保护、调节全路网交通流量、提升路网整体效益和智能化水平、实现"用路者付费"的负担公平性、降低管理成本等具有重要意义。

里程费改革无论是在技术创新、模式创新还是在管理创新方面，都是一项颠覆性的重大改革，体现了税收的财政和经济职能，以及交通智能、绿色发展要求，形成了现代化的公路收费技术和可持续的交通资金保障与税费体系，也是我国未来交通税费改革的方向。

2018年5月，交通运输部公路科学研究院公路与综合交通发展研究中心主任、研究员虞明远带领本项目研究人员赴海南省交通运输厅交流并率先提出海南省里程费改革设想。之后，在交通运输部公路科学研究院和海南省交通运输厅的领导和支持下，本项目研究人员针对海南省里程费改革相关关键问题开展了一系列的研究工作，形成了本书的主要成果。

著者

2023年1月

目 录

1 海南省里程费改革的必要性和可行性 ················· 001

    1.1　为什么要探索里程费改革 ····························· 001

    1.2　为什么选择在海南省先行先试 ························ 002

2 关于里程费内涵和税费制度选择 ····················· 004

    2.1　里程费内涵 ··· 004

    2.2　改革目标 ··· 005

    2.3　基本原则 ··· 005

    2.4　税费制度选择 ·· 006

3 关于里程费与现行税费的关系 ······················· 010

    3.1　同时减并车辆通行附加费和燃油税 ················ 010

    3.2　只替代车辆通行附加费 ································ 012

    3.3　只对清洁能源车征收里程费 ·························· 013

4 关于里程费征收的合理范围 ··· 016

4.1 征收车辆范围 ··· 016
4.2 征收道路范围 ··· 018

5 关于里程费费率体系和制定方法 ··· 021

5.1 费率体系、制定原则与测算思路 ·· 021
5.2 交通特征调查与现状负担测算 ·· 024
5.3 标定模型与收费费率、收入测算 ·· 035
5.4 里程费体系下的减免政策 ··· 039
5.5 计费规则与调价机制 ··· 045

6 关于里程费征收机构与管理模式 ··· 048

6.1 里程费征收机构 ·· 048
6.2 里程费征收管理模式比选 ··· 050

7 关于自由流收费技术路径选择 ·· 060

7.1 自由流收费技术需求分析 ··· 060
7.2 国内外经验借鉴 ·· 061
7.3 海南省自由流收费技术比选 ·· 069

8 里程费改革的社会影响和风险分析 ··· 088

8.1 社会影响分析 ··· 088
8.2 社会风险分析 ··· 091

9 里程费改革相关法律问题解析 · **097**

    9.1 里程费改革与《收费公路管理条例》的关系 · **097**

    9.2 强制安装里程费车载装置的正当性分析 · **099**

    9.3 里程费改革与公民权利保护 · **101**

10 基于里程费改革的公路投融资创新 · **105**

    10.1 海南省公路交通投融资现状 · **105**

    10.2 主要问题与创新投融资模式的必要性 · **107**

    10.3 投融资体系框架 · **110**

    10.4 里程费的资金属性和管理 · **112**

    10.5 资金用途 · **113**

    10.6 主要融资方式 · **114**

参考文献 · **123**

1 海南省里程费改革的必要性和可行性

1.1 为什么要探索里程费改革

一是里程费改革将重构交通税费体系，将满足海南省公路建设养护资金快速增加的投融资需求。在依托北斗卫星导航系统（简称"北斗"）的自由流收费技术逐渐成熟的前提下，坚持"用者付费"的政策方向，通过里程费改革调整车辆通行附加费和燃油税政策，在全路网以用户车辆实际行驶里程为征费基础，将税基从能源消耗量转为道路使用量，可避免运载工具本身的技术发展对公路建设融资的影响，并有利于PPP（政府和社会资本合作）和资产证券化等模式在公路交通领域的应用，有利于构建持续、稳定的公路发展融资渠道，促进公路事业健康、可持续发展。里程费改革将是未来突破全国公路事业发展投融资瓶颈、创新交通税费改革的重要方向之一。

二是里程费改革将全面赋能公路交通网络，助力交通强国建设。里程费征费系统将实现全域、全量、全天候交通大数据资源整合，通过深入挖掘系统积累的海量数据，为公路交通投资决策、路网流量调节、管养维护、运行监测、安全应急等服务。构建数字化、智能化的科学决策体系，还可支持未来车路协同、自动驾驶系统的建设与应用，为打造新一代交通运行控制网奠定技术基础，促进公路交通行业形成更大规模的高科技产业应用，为交通强国建设助力。

三是里程费改革有利于提高路网整体效率，并可成为多种政策导向的调节器。里程费模式综合考虑公路等级、车辆类型、排放水平等因素，形成更加公平、合理的差异化费率体系，既满足了交通智能、绿色发展要求，又可利用经济杠杆调节全路网交通流量，提高路网整体运行效率，使高速公路能够持续提供高品质、高效率、高层次的服务,使级差效益较低的普通公路提供基本的出行服务,并可根据不同政策导向,灵活调整里程费征收策略,是实现政策目标的调节工具。

四是里程费改革有利于实现"用者付费"的负担公平性。里程费征收方式通过信息技术实现对用路者负担的精确计量,从而实现"谁使用、谁受益、谁负担"的公平性,改变现有车辆通行附加费模式下,在高速路和城市路行驶的汽油车用户负担一样、行驶里程多和里程少的柴油车用户负担一样,以及"差别化使用、均等化负担"等不公平现象,对促进社会公平具有重要意义。

五是基于北斗的里程费改革是海南省贯彻北斗"产业化""走出去"等国家战略的重要体现。里程费改革采用基于北斗的自由流收费技术,可推动北斗系统、高精地图、大数据、云平台等相关技术应用,是实现北斗高精度技术在民用领域推广应用的重要举措,并将形成具有自主知识产权的千亿级科技产业。在海南省先行先试后,未来可向全国乃至"一带一路"沿线国家复制推广,全面支撑北斗"产业化""走出去"等国家战略。

六是里程费改革体现了海南省敢为人先、开拓创新的改革精神。海南省作为全国先行先试的经济特区,具有突破创新的优越条件,积极探索、利用新技术在海南实施基于自由流收费技术的里程费征收模式的可行性,可为海南省交通运输现代化创立新优势、促进新发展,也将为全国突破收费公路发展瓶颈、实行交通税费改革与建立可持续资金保障体系再次贡献"海南智慧"和"海南方案"。

1.2 为什么选择在海南省先行先试

里程费改革无论是在技术创新、模式创新还是在管理创新方面,都是一项颠覆性的重大改革,亟须对其进行政策研究、技术开发和实践探索,而海南省具有得天独厚的改革试点优势。

一是海南自贸区(港)建设具有特区的制度创新优势。2018年4月印发的《中共中央 国务院关于支持海南全面深化改革开放的指导意见》(以下简称

"《指导意见》")赋予了海南经济特区改革开放新使命。为了加快推进海南自贸区(港)建设,中共中央、国家部委纷纷出台新政给予支持,这将赋予海南更大的改革自主权,鼓励政策和制度创新、先行先试。在海南省实施里程费改革试点,是落实习近平总书记"4·13"重要讲话精神,体现海南"突破创新、敢为人先"精神的重要举措。

二是海南省现行交通税费征收模式使得探索里程费改革需求更迫切。除财政资金外,海南省目前的公路建设和养护资金主要来源于车辆通行附加费和燃油税,这两项交通税费均是根据燃油使用量计费收取。为推进生态文明建设,海南正在大力推广新能源和清洁能源汽车。根据《海南省清洁能源汽车发展规划》,到2030年,海南省将全面禁售燃油汽车。此政策将动摇现行交通税费征收基础,将使公路建养资金供需矛盾加剧。另外,现行车辆通行附加费的负担公平性问题也一直备受诟病,而现行税费制度又难以吸引社会资本进入以及创新投融资模式,因此寻求新的交通税费解决方案变得十分迫切。

三是海南省具有岛屿地形的先天优势。海南省为岛屿地形,与其他省区没有陆地相连,先行先试对全国收费公路体系及其ETC应用影响较小,改革成本低,这些优势均为里程费改革试点提供了良好的基础条件。

四是里程费改革得到海南省政府的高度重视和支持。里程费改革已被列为海南省政府制度创新项目库的A类项目。海南省政府已于2019年8月1日成立海南省深化收费公路制度改革工作领导小组,统筹推进全省里程费改革工作。

2 关于里程费内涵和税费制度选择

2.1 里程费内涵

公路作为一种公共产品或者公共服务,既可以使用税收提供,亦可以采取"用者付费"方式提供。"用者付费"方式遵循"谁使用、谁受益、谁负担"原则,能够更好地平衡获益者与非获益者的负担,并能通过经济杠杆使资源配置更有效率。尤其是在可以有效识别使用者并实现排他的情况下,"用者付费"是一种更加公平、高效的公共产品供给方式。随着卫星导航系统和信息技术的发展,不设站的自由流收费技术日渐成熟,在全路网范围内有效识别用户的成本大幅降低,这为全路网采用"用者无感与精准付费"的收费方式奠定了技术基础。

里程费是运用自由流收费技术,针对不同公路功能与等级、不同车辆类型与排放水平,采用差异化的费率,按照车辆实际行驶里程精确计量支付的道路使用费用,其功能和特性如下:

一是里程费兼具收入和补偿外部性校正功能。以车辆对公路的实际使用为计费基础,可实现车辆对公路成本的合理分摊,为海南省交通基础设施建设发展筹集专项资金。同时,可以通过收取里程费调节用路者的消费行为,节约能源和降低碳排放,满足海南生态文明建设需要。里程费较好地体现了税收的财政和经济职能,符合亚当·斯密就公共产品资金来源提出的"平等、确定、便利和最少征收费用"的四原则。

二是里程费征收模式运用自由流收费技术实现精准计量、无感收费,保留了海南现行车辆通行附加费政策"一脚油门踩到底"的"无感收费"体验,同时遵循了"受益者付费"原则，按照车辆实际行驶路径和里程精准计量、收取里程费，可以有效避免海南现有基于燃油消耗量收取车辆通行附加费制度所带来的用路者负担公平性等问题。

三是收费路网范围、对象和标准可以根据政策目标灵活调整。可根据收费目的的不同，适时调整收费路网范围。可根据政策目标的变化，调整收费车辆类型。可在不同路网、不同等级道路，针对不同类型、不同排放水平车辆采取差异化收费标准。

2.2 改革目标

通过里程费改革解决现行模式弊端，重构海南省交通税费体系，建立可持续的多元化、市场化资金筹集体系，既保留"一脚油门踩到底"的"无感收费"体验，又有效提高公路网整体运行效率，实现北斗高精定位技术在交通运输领域的广泛应用，全面提升公路交通网络数字化、智慧化水平，不断满足人民群众对美好出行的需求。

2.3 基本原则

一是政府主导。在交通运输部等部委的大力支持和海南省委、省政府的领导下，扎实推进里程费改革，落实省直各相关部门职责分工，周密制定改革方案和工程技术方案，建立、健全政策制度体系及相关操作规程。

二是改革创新。实现海南省交通税费体系、公路投融资模式、北斗自由流收费技术、交通智能管控和产业应用、交通企事业单位改革等多层次、多方位制度集成创新。

三是市场驱动。充分运用市场化机制，调动社会资本参与的积极性，吸引金融机构、科技企业参与相关产品和系统的开发与增值服务等，开拓北斗自由流收费技术的应用场景。

四是积极稳妥。科学论证制度政策方案和技术方案，精心设计征管制度，深入开展测试验证，全面组织模拟运行，广泛征求各方意见，确保改革在方案科学、技术成熟、社会支持、准备充分的前提下稳步、有序推进。

2.4 税费制度选择

（1）本质差异

税收是公民依法向征税机关缴纳一定的财产以形成国家财政收入，从而使国家具备满足公民对公共服务需要的能力的一种活动。税收的核心特征在于强制性和无偿性，是国家基于公权力而强制课征的金钱给付义务，同时作为一种宪法义务，公民无权要求对待给付。从宪法意义上看，税收是国家对公民财产自由权的侵犯及对职业和营业自由的干涉。税收对财产权构成严重限制，因而只有经过公民的同意才能进行，由此产生了税收法定主义，即课税要件的法定性、课税要件的明确性以及课税程序的合法性。

收费本身是基于债权而产生的金钱给付义务，根据债权产生主体的不同可以区分其是产生于私法债权还是产生于公法债权：当收费的一方是自然人、法人等民事主体时，产生于私法债权，此时的收费是基于民事法律关系而产生的对待给付；当收费的一方是行政机关等公权力机关时，产生于公法债权，此时的收费则是行政机关和行政相对人之间产生的一种金钱给付关系，即构成行政收费。

> 以德国为代表的大陆法系行政法理论将行政收费分为规费（Gebuehren）和受益费（Beitraege）两类，其中规费是作为本着申请人利益而做出的具体职务行为或者其他行政服务的对等给付而缴纳，其又分为对职务行为的行政费和为使用公共设施而交付的使用费。车辆通行费被普遍认为是使用特定道路公共设施而产生的使用费。受益费与使用费相似，也是对公共设施投入的补偿，不同的是，受益费的收取不以公共服务设施的实际使用为前提，而只考虑使用的可能性。

（2）特征区分

税收与行政收费都是基于公权力而产生的公民对国家的金钱给付义务，因而具有一定的相似性，但二者在本质和特征上都存在区别。

第一，本质差异。《中华人民共和国宪法》第五十六条规定："中华人民共和国公民有依照法律纳税的义务。"由此可见，依法纳税是公民的宪法义务，而依法缴纳行政收费只是公民的法律义务，作为对私人财产权的限制，基于法律保留原则，应当以法律的形式加以具体规定。

第二，无偿性差异。无偿性是区分税收与行政收费的关键所在，即是否一定存在对待给付。依法纳税作为宪法义务，使得税收成为国家依据宪法筹集公共财政资金的主要方式，因而公民在缴纳税款时不能要求直接回报，具有无偿性；行政收费则是基于特定的公法使用关系而收取的一定费用，其产生的基础是特定的服务，是缴费者要求使用特定公共设施的对待给付。

第三，普遍性差异。在征收范围上，税收可以向全部公民收取；行政收费限定于接受了特定服务的公民或者是使用了特定公共设施的公民。

第四，强制性差异。税收在强制力上明显强于行政收费，税收本身并不赋予公民选择权，公民必须依据宪法纳税；行政收费则允许公民通过选择不使用的方式合理规避。

第五，固定性差异。基于税收法定原则，税收的固定性要求更高，课税要件的变更必须以修订相关法律的形式加以调整；行政收费的调整更具有灵活性，行政机关可依据政策要求的改变适时进行适当调整。

税收与行政收费虽然在本质和特征上存在差异，但是两者都是政府筹集提供公共服务所需资金的重要途径，在选择上并不存在根本性的标准。虽然税收在强制性上的优势可以保证及时、有效地获取所需资金，税收法定原则也有利于对纳税人权利的保护，但鉴于税收在征收范围上的普遍性，其并不利于保障不同使用程度用路者的负担公平，同时，税收固定性的要求也不利于政府通过调整税收要素的方式实现对经济和资源的调控。

(3) 功能比较

现代国家的发展存在不同的阶段，在不同的发展阶段，政府的职能不同，所要提供的公共服务类型不同，所需筹集的资金数量也并不相同。在警察国家或夜警国家阶段，政府的职能只限于保障公民的基本安全，强调政府对公民生活的干预应限于最小的范围内，此时政府并不需要提供大量的基本公共服务，服务由市场机制以市场主体的方式自主提供。20世纪中叶以来，随着公民权利意识的增强，在市场机制难以满足公众基本需求时，公民要求国家履行积极的行政给付义务，提供基本公共服务。随着福利国家的逐渐发展，政府需要提供服务的行政任务范围不断扩大，政府所需筹集的公共资金数量也不断增加。

面对急剧增加的资金需求，政府仅仅通过税收的方式筹集是难以满足的，以行政收费的方式筹集提供公共服务所需的资金成为保证政府履行行政任务的重要方式。同时，相对于税收，以行政收费的方式筹集财政资金也更有利于吸引社会资本参与公共服务设施的建设与运营，从而通过政府与社会合作的方式拓宽公共服务的资金来源渠道。财政资金来源与国家形态的互动演进如表2-1所示。

财政资金来源与国家形态的互动演进表　　　　表2-1

国家形态	财政形态	财政国家形态	财政功能	财政资金来源
封建国家	家计财政	所有权者国家	尚未明确	税收
警察国家	公共财政	税收国家	消极控制权力	税收
福利国家	公共财政	预算国家	既有消极控制，又有积极给付	除税收外，还包括各领域的行政收费

相较于税收，行政收费在保证负担分配公平方面具有特别优势。行政收费以对价给付为基础，即行政相对人须根据获得的政府提供的具有一定价值的产品或服务支付相应的对价费用，体现了负担分配的公平原则。同时，公平本身存在双重面向：按照"用者付费"原则，服务受益人支付他们所受益服务的提

供成本，体现了形式公平；根据量能支付原则，让更有能力承受费用负担的使用人支付更多的费用，体现了实质公平。

行政收费还在提高资源配置效率方面具有优越性。行政收费制度是根据用户所获得的收益配置资源、分摊成本，收费与收益之间存在直接联系，可以起到类似价格的调节作用。尤其是对于作为拥挤性公共设施的普通公路，由于公路资源的有限性，公路的使用有一定的人数限制，使用的人数超过一定限度就会产生拥挤，将会影响使用的效率，此时的行政收费具有调节功能，将使用效率较低（以是否交费来衡量）的使用者排除在外，从而缓解拥挤，保证使用的效率。公路使用费的收取，在提高拥挤性公共设施使用效率的同时，也有利于平衡使用者与未受益者之间的利益冲突。

（4）经济学原理

西方经济学理论认为产品可分为公共产品、准公共产品和私人产品。公共产品是政府向公众提供的各种服务的总称，其因是免费提供的，所以不能通过市场机制解决公共产品的有效提供问题，只能由政府来提供，并以税收的形式来补偿政府所支出的行政成本；准公共产品是指部分满足社会共同需要的物品，由于准公共产品具有非竞争性，不能由私人有效供给，一般由政府等公共部门提供，同时，由于准公共产品还具有排他性，利用排他设施可以确定特定的受益者范围，因此，政府因提供准公共产品而支出的成本应当通过行政收费的形式来补偿；私人产品具有竞争性和排他性，可以通过市场来有效提供，并可通过市场价格机制来补偿提供产品或服务所支出的成本。从这种意义上来讲，行政收费是介于收入和市场价格之间的一种成本补偿方式。

3 关于里程费与现行税费的关系

3.1 同时减并车辆通行附加费和燃油税

若在海南省对清洁能源车和燃油车均征收里程费,同时取消车辆通行附加费和成品油消费税中的燃油税,利弊分析如下。

(1) 有利方面

一是里程费是基于"用路者付费"原则,精准计量支付的道路使用费用。从里程费概念本身来讲,其资金使用方向应该既包括公路建设费用,也包括公路养护费用,即目前征收的车辆通行附加费和燃油税。该方案将重构海南省交通税费体系,形成长期、稳定的公路建养资金保障体系,而且更有利于海南省进行PPP和资产证券化等投融资模式创新。

二是取代燃油税为里程费的征收范围扩大到普通公路提供了法律保障。2008年12月,五届海南省人民政府第21次常务会议审议通过《海南省机动车辆通行附加费征收管理暂行规定》,决定从2008年12月20日起停征燃油附加费,同时开征高等级公路车辆通行附加费,沿用原燃油附加费的征收模式,汽油车辆在销售环节价外征收,柴油车辆按吨位定额征收。若海南里程费只替代车辆通行附加费,则在自由流收费技术可以精准识别车辆行驶轨迹及行驶公路等级的情况下,里程费征收的道路范围将被限定在高等级公路范畴内。若将里程费征收的道路范围扩大到普通公路,则与国家收费公路政策调整方向不符。

三是2008年的成品油消费税改革面临诸多问题。随着清洁能源车的推广,燃油税的税基呈萎缩趋势,返还各省的燃油税近几年基本保持不变,与公路养护资金需求不匹配。燃油税对所有车辆用户都征收，有违公平性。另外，海南作为炼油大省，上缴和返还的成品油消费税不成正比。以2019年为例，海南规模以上工业企业汽油产量为301.03万吨、柴油产量为278.43万吨，换算成燃油税分别为：汽油33.21亿元（301.03×1379×0.8/10000）、柴油22.92亿元（278.43×1176×0.7/10000），年返还只有13.9亿元。

四是清洁能源车对成品油消费税税基的动摇，影响了全国公路养护资金来源，国家有关部委已经着手开展全国里程税费相关研究工作，迫切需要创新交通税费体系，形成稳定、可持续的资金来源。海南省里程费改革同时替代车辆通行附加费和燃油税将为全国里程税费改革提供"海南经验"和"海南模式"，更体现改革的创新性和前瞻性。

五是在全岛封关运作前，对于日常办公用车的城市居民与农村居民等车辆用户来说，改革的红利更加凸显，负担将明显降低。以92号汽油为例，改革后由每升7.89元直降1.85元，变成每升6.04元，将大幅提高燃油车用户的获得感，更有利于改革顺利推进。

六是尽管里程费替代了燃油税，但不会改变国家成品油消费税现行征收体系。里程费改革的实施不会对现行国家成品油消费税的征收模式产生影响，成品油消费税仍然在生产环节征收，国家财政部门仍按现行燃油税返还机制和额度返还海南省，成品油消费税的征收主体、征收方式、征收税率和分配机制均未发生变化，只有最终税负平移至里程费中。海南在封关前仅对14家油库按汽、柴油销售量进行计量返还，目前海南省交通规费征稽局已形成了完备的管理制度，操作简便易行，不会增加行政管理成本。而封关后，随着海南销售税改革，成品油消费税将被一并纳入销售税，将无须再返还油库的油价差价，操作上更加简便。

七是将基于车辆使用高等级公路的车辆通行附加费和使用普通公路的燃油税两个税费简并为一个税费，符合海南自贸港"零关税、低税率、简税制、强法制"的新税制原则中税费简并的总体方向。

八是收费路网涵盖了高速公路和普通公路，不同功能公路的差异化费率可以起到调节交通流量的作用，有效提升路网的通行效率，便于百姓出行和货物流通。

（2）不利方面

一是将导致汽、柴油价格较外省更低，针对汽、柴油走私的稽查任务有所增加。但由于省内外差价仅为0.8元，占总价比例10%左右，走私的动力并不强劲，另外，随着自贸岛监管体系的建设，违法难度更大，成本更高，因此走私现象应在可控范围内。

二是将增加与国家有关部门的沟通协调工作。但鉴于成品油消费税税额下滑的趋势，财政资金满足不了公路建养资金需求的现实，交通、财政部门也急于寻求解决方案。目前，海南省里程费改革已被列为交通运输部专项工作，将为海南省里程费改革协调工作创造有利条件。

3.2　只替代车辆通行附加费

若在海南省对清洁能源车和燃油车均征收里程费，同时取消车辆通行附加费，燃油税仍保持现行征收模式，利弊分析如下。

（1）有利方面

一是仅进行车辆通行附加费改革，总体上属于海南省立法范畴，与国家相关部门的沟通协调工作相对较少。

二是改革后海南省的汽、柴油价格与外省一致，不会存在汽、柴油走私的风险。

三是由于里程费征收的道路范围仅限于高速公路，自由流收费技术的可选择性大，收费技术风险明显降低。

（2）不利方面

一是仅对现行车辆通行附加费征收模式进行了完善，将基于燃油消耗量的计征方式改为基于行驶里程的计征方式，与里程费改革的政策目标不符。另外，从政策成效比来看，还不如对清洁能源车采用定额征收方式，这样更简便易行。

二是征收范围只限于高等级公路（未来收费公路政策调整方向是东部地区只允许在高速公路范围内征），普通公路缺乏征收的法规保障。若里程费改革运营一段时间后，再将征收范围扩大到普通公路，会增加社会舆论压力，甚至影响里程费改革进程；由于海南省高速公路规模较小，全岛封关运作前的通行费收入水平将很难达到现行车辆通行附加费征收水平，若提高收费标准，不仅会造成路网交通量不均衡，降低路网通行效率和服务水平，还会引起较大社会舆论，改革反而得不偿失。

三是仅对现行车辆通行附加费征收模式进行了改革，改革的政策红利将大打折扣，且仅对自由流收费技术进行了创新，并未实现交通税费制度创新，对国家层面里程费改革的借鉴意义小。

四是由于里程费征收道路范围仅限于高速公路，与现行车辆通行附加费征收模式相比，可能会影响路网通行效率，使得未来普通公路的建养资金保障难度加大。

3.3 只对清洁能源车征收里程费

若在海南省仅对清洁能源车按里程征收里程费，燃油车仍保持现行车辆通行附加费和燃油税征收模式，利弊分析如下。

（1）有利方面

一是改革涉及面小，有利于政策平稳过渡。仅对清洁能源车征收里程费，燃油车仍保持现行征收模式，即"老人老办法，新人新办法"，随着清洁能源车的推广，燃油车逐渐退出市场，到2030年后将逐渐全面替代现行征收模式，在运载工具的更新换代中，实现征收模式的自然、平稳过渡。

二是征收收入只增不降，有利于保障征收收入平稳上升。由于现行征收模式不适用于清洁能源车，因此，燃油车仍保持现行征收模式，不影响原收入规模，仅对清洁能源车征收里程费，其征收收入属于纯增量，保障改革实施前后征收收入只增不降。

三是改革成本较低。通过后文的技术方案可看出，推荐方案前期需对燃油车加装车载设备，并进行收费系统建设和维护。若仅对清洁能源车征收里程费，则可利用车辆内置定位装置，不仅省去车载设备、收费系统和稽查设施设备成本，还省去后期安装使用、稽查等方面的管理成本。

（2）不利方面

一是没有触及原征收模式中一直被诟病的不公平性问题。若仅对清洁能源车实行里程费改革，则并未触及和解决现行车辆通行附加费征收模式中"差别化使用、均等化负担"的不公平问题。也就是说仅对清洁能源车实行里程费改革，并未触及和消除现行政策的不公平弊端。

二是不利于促进智慧交通、调节流量、公共政策调节、吸引社会资本等政策目标的实现。由于目前可征收里程费的清洁能源车占比较小，并且在短期内难以快速增长至占比过半，若仅对占总征费车辆10%左右的清洁能源车征收里程费，则无法发挥规模效应，无法通过经济杠杆实现交通流量调控、公共政策调节，更无法满足智慧交通的数据需求，也不具备精确拆分路段归属收益以吸引社会资本的作用。

三是不利于体现海南"深化改革、敢为人先"的开创精神。若仅对清洁能源车征收里程费，则涉及面小、影响力弱，它仅是对自由流收费技术的局部、小规模应用，未能体现制度创新、模式创新和管理创新。在内陆省区市撤销省界收费站、加快推进自由流收费技术的背景下，海南省仅对清洁能源车征收里程费很难体现出改革的先进性、创新性和开拓性，大大减缓了海南里程费改革进程。

四是不利于收费技术工程化应用。基于卫星定位的自由流收费技术，在工程化应用方面的技术难点主要在于车载设备的芯片研制、稽查系统的周密布设和后台系统应对大规模迸发数据的可靠性等。但目前清洁能源车数量较少、不需要车载设备和稽查系统，导致无法针对上述技术难题开展测试验证工作。

从技术角度来看，可以实现对所有公路和城市道路征收里程费。从政策目标来看，里程费征收的道路范围越广，越能实现负担公平、筹集资金、调节流量、路网管控、政策调节等政策目标。从收费特征来看，里程费符合亚当·斯密就公共产品资金来源提出的"平等、确定、便利和最少征收费用"的四原则，具备消费税中收入和补偿外部性校正功能属性，可满足我国交通基础设施发展对稳定资金来源和节能环保的需求，具备取代燃油税的条件。在全球范围内汽车产业发展转向清洁能源汽车的不可逆转趋势下，里程费取代燃油税将成为未来燃油税改革的方向。

4 关于里程费征收的合理范围

4.1 征收车辆范围

（1）从里程费的计费基础和车辆对道路的使用角度来看，对所有机动汽车都可征收里程费

海南省现只对汽油和柴油机动车辆征收车辆通行附加费。暂不对新能源车征收，有其历史原因：一是新能源车辆的市场化应用晚于《海南经济特区机动车辆通行附加费征收管理条例》的出台，因此该条例中并未涉及对新能源车的征收问题。二是新能源车是交通领域节能减排的重要技术路径，在海南生态文明建设明确加快推广新能源汽车和节能环保汽车的宏观政策背景下，尚未即刻提出规费征收事宜。三是目前车辆通行附加费是依据能源消耗量征收的，而由于电能应用广泛，很难按电能对电动汽车进行计量征费。但新能源车辆与传统能源车辆一样也需要使用公路并使公路产生损耗，理应按照"谁使用、谁受益、谁负担"原则承担费用。

里程费的计费基础是对道路的使用量，不依赖于能源的消耗量，因此无论是纯电动车还是氢燃料电池汽车等，抑或未来使用其他动力能源的车辆，都可实现按照实际的道路行驶里程计费。为体现鼓励和推广新能源车的政策取向，可在里程费费率标准设计中考虑排放因素，对新能源车辆和低排放车辆采用差异化低费率标准。

（2）减免车辆范围基本延续原车辆通行附加费减免范围，并可借征费改革时机，适当调整原通行附加费减免政策

现行《海南经济特区机动车辆通行附加费征收管理条例》中规定了6种免征车辆。

> **《海南经济特区机动车辆通行附加费征收管理条例》**
>
> 第八条　下列柴油机动车辆可以免征机动车辆通行附加费：
> （一）拖拉机、三轮机动车；
> （二）联合收割机、运输联合收割机（包括插秧机）的车辆；
> （三）挖掘机、推土机、装载机等不能载客载货的专用车辆；
> （四）设有固定装置的城市环卫车，医疗专用救护车、防疫车、采血车等车辆；
> （五）军队车辆、武警部队车辆，以及省人民政府批准执行抢险救灾任务的车辆；
> （六）城市公共汽车、农村客运班线车辆。

上述免征车辆都是具有公益属性的特殊车辆，为保持政策的延续性，可继续享受免征政策。

对于绿色通道（简称绿通）车辆，根据《海南省交通运输厅　海南省物价局转发交通运输部国家发展改革委〈关于进一步完善和落实鲜活农产品运输绿色通道政策的通知〉》（琼交运管〔2010〕32号）文件精神，海南省对运载鲜活农产品的绿色通道车辆实行进、出岛各免收三天车辆通行附加费的政策；《交通运输部　国家发展改革委　财政部关于进一步优化鲜活农产品运输"绿色通道"政策的通知》（交公路发〔2019〕99号）对绿通政策进行了优化，一是为安装ETC车载装置的绿通车辆提供ETC专用车道快捷通行服务；二是实施预约服务制度；三是未预约的绿通车辆可先正常缴费，再申请查验免收。海南

省实施里程费改革，可以比照优化后的绿通政策，一是为安装北斗里程收费车载设备的绿通车辆提供快捷通行服务，二是实施预约服务制度，三是对未预约的绿通车辆实行先征再免政策。

（3）对外省车辆可通过免费为其安装车载设备的方式征收里程费

目前，海南省对上岛的外省车辆也同样征收车辆通行附加费，汽油车按汽油用量价外计征，柴油车按上岛时间定额征收。若实施里程费改革，可在港口对上岛的外省车辆临时安装车载计费设备进行里程费征收。如对于外省入琼车辆，可设定一次驻琼时间不超过3h免征里程费，超过10天依据北斗车载设备按里程征费，10天以内可灵活选用定额征收或按里程征收。

综上，征收车辆范围为行驶在海南收费路网的所有汽车，包括燃油汽车、燃气汽车和电动汽车等新能源汽车。免征车辆可结合《收费公路管理条例》和《海南经济特区机动车辆通行附加费征收管理条例》的相关规定，并根据自由贸易港发展需要，优化车辆减免优惠政策。

4.2 征收道路范围

综合公路发展资金需求、交通量等，测算不同类型车辆在不同道路上的里程费率（差异化费率），根据公众可接受程度、资金需求等综合判断征收范围与征收标准，制定推荐方案。

我国现行道路分类将道路基础设施分为公路和城市道路两大类。其中，公路是连接各城市、城市和乡村、乡村和厂矿地区的道路设施，处于城市建成区之外，一般由交通管理部门管理；城市道路是城市建成区内供车辆、行人通行的，具有一定技术条件的道路设施，一般由所属城市政府及住房和城乡建设部门管理。公路按照行政等级可以分为国道、省道、县道、乡道、村道、专用公路，按照技术等级可以分为高速公路、一级公路、二级公路、三级公路、四级公路。城市道路可以分为快速路、主干路、次干路和支路。

目前，海南省对汽柴油车辆征收车辆通行附加费，其中汽油车在销售环节价外征收，柴油车辆按吨位定额征收。由于车辆通行附加费并未区分车辆行驶的道路范围，其实质是在海南省全部公路和城市道路范围内收取相同标准的车辆通行附加费，但车辆在技术等级较低、路况较差的道路上行驶时单位里程燃油消耗更多，行程时间更长，所以在现行车辆通行附加费标准下，汽油车在高速公路行驶的单位里程成本实际低于普通公路和农村公路。目前，国内大部分省区市仅针对高速公路收取车辆通行附加费，尽管有部分省区市对一级、二级公路收取车辆通行附加费，未来也将逐步取消。因此，海南省应尽快确定车辆通行附加费征收的道路范围。

对里程费改革中征收道路范围的确定，要考虑不同征收范围涉及的管理体制、事权与支出责任划分、资金分配等方面相关政策调整的难易程度，还要统筹考虑里程费征收的政策目标和预期效果。

通过对海南省交通出行特征、出行意愿、各群体负担和征收规模等进行系统、全面的调查、分析和测算，综合考虑公路建养资金需求、收费技术、路网效率、公众可接受程度等多重因素，建议在里程费改革初期，将征收道路范围拟定为高速公路、普通国省干线公路和省级统筹的专项公路，暂不将城市道路和农村公路纳入征收范围。

（1）从测算来看，城市道路和农村公路不被纳入收费路网范围，在保障里程费收费平均负担不高于现交通规费负担的情况下，不会出现里程费收入大幅下降情况

2021年3月，交通运输部公路科学研究院全面开展了高速公路、普通国省干线公路和部分县道路段交通流量调查。综合自动观测站、监控视频和人工现场观测点等224个道路断面交通量数据，经初步测算，在保障各群体平均负担不高于现负担情况下，里程费征收规模基本能维持现有交通规费水平。

（2）若对城市道路和农村公路征收里程费，将不利于里程费改革顺利实施

一是城市道路和农村公路均是老百姓生产、生活、通勤等使用较为频繁的道路，属于政府有义务提供的基本公共服务。若征收里程费，难以取得大多数公众对改革的认可。

二是对城市道路（次干道以上道路）征收里程费，将对城市交通通行状况和秩序产生较大影响，可能造成城市交通运行混乱，尤其是在里程费改革初期，会为里程费改革顺利推行埋下重大风险隐患。

三是根据现行管理事权划分，对城市道路和农村公路征收里程费需征询19个市、县人民政府的同意，大幅增加了改革沟通协调难度并延长了改革推进时间。

四是由于里程费征收能够清晰拆分各路段收益，各市、县人民政府也可能会提出对其辖区城市道路征收里程费的要求，这将改变里程费的资金用途，并增加里程费资金分配和使用管理的难度。

综上，建议里程费征收道路范围限定在高速公路、普通国省干线公路和省级统筹的专项公路。

5 关于里程费费率体系和制定方法

5.1 费率体系、制定原则与测算思路

（1）费率体系

为体现公平和环保，按不同道路、不同车型、不同排放水平制定里程费差异化费率体系。

道路：按照道路使用的级差效益，等级越高，费率越高。理论上可以按照等级路（高速、一级、二级、三级、四级公路）和等外路分为六级费率，但综合考虑车辆用户对不同等级道路服务水平的实际感受、每年道路等级变化的频繁程度、收费系统计费的复杂性等，初步将道路费率分为2个等级，由高到低是高速公路、普通国省干线公路。

车型：按车辆对道路的占用、损耗和效益，车型越大，费率越高。依据《收费公路车辆通行费车型分类》（JT/T 489—2019）车型划分标准，客车主要依据核定载人数和车长分为4类（表5-1），货车主要依据轴数和总质量分为6类（表5-2），专项作业车主要依据轴数和总质量分为6类。

排放水平：按车辆动力燃料对环境的影响，排放水平越高，费率越高。考虑清洁能源汽车能源类型的多样性、排放识别的复杂性，燃油车排放识别的复杂性，车辆计费系统的复杂性等，费率由高到低是燃油汽车、清洁能源汽车。

《收费公路车辆通行费车型分类》（JT/T 489—2019）

收费公路车辆通行费客车车型分类　　　　　　　　　　表5-1

类别	车型及规格		
	车辆类型	核定载人数	说明
1类客车	微型 小型	≤ 9	车长小于6000mm且核定载人数不大于9人的载客汽车
2类客车	中型	10~19	车长小于6000mm且核定载人数为（10~19）人的载客汽车
	乘用车列车	—	—
3类客车	大型	≤ 39	车长不小于6000mm且核定载人数不大于39人的载客汽车
4类客车		≥ 40	车长不小于6000mm且核定载人数不小于40人的载客汽车

收费公路车辆通行费货车车型分类　　　　　　　　　　表5-2

类别	总轴数（含悬浮轴）	车长和最大允许总质量
1类货车	2	车长小于6000mm且最大允许总质量小于4500kg
2类货车	2	车长不小于6000mm或最大允许总质量不小于4500kg
3类货车	3	—
4类货车	4	
5类货车	5	
6类货车	6	

（2）制定原则

改革初年，里程费费率制定遵循以下原则：一是里程费收入不高于同年车辆通行附加费预期收入，二是汽柴油车辆用户里程费平均负担不高于同年现行模式负担，三是清洁能源汽车费率不高于同类车型燃油汽车费率。四是高速公路费率低于内陆省区市高速公路平均费率。

(3) 测算思路

海南里程费费率方案测算总体思路：以单位里程负担为刚性约束，确保在各类群体平均负担不增加的前提下，尽可能保证改革前后交通税费征收总额基本持平。

以全干线路网（收费路网）分车型、分路段行驶量为基础数据，采用费用/交通转移模型，利用TransCAD交通仿真软件对收费路网的费率比选方案进行动态模拟测算，以四项原则要求为判定依据，寻求费率最优推荐方案。再根据推荐的费率方案测算未来特征年里程费收入（图5-1）。

具体步骤如下：

①测算海南省里程费改革基年（2019年）各收费车型、各用户群体的车辆通行附加费和燃油税在全路网的单位里程负担。

②按照不高于现状负担的原则，统筹考虑收费路网、交通流量特征等因素，按道路性质、车型分类、排放水平等，拟定里程费费率比选方案。

③根据交通调查的静态行驶量特征，模拟测算初步费率方案对收费路网交通流量转移的影响，得到动态行驶量。

④按照燃油车和清洁能源车各收费车型保有量比例，拆分燃油车和清洁能源车静、动态行驶量。

⑤按照燃油车静、动态行驶量，测算里程费费率下燃油车全路网的单位里程静、动态负担，与现状负担进行对比，确保里程费费率负担不高于现状负担。

⑥根据里程费费率和交通行驶量测算里程费收入，确保改革基年里程费总收入不高于现行交通税费总额。

⑦根据特征年交通需求预测，测算特征年里程费收入。

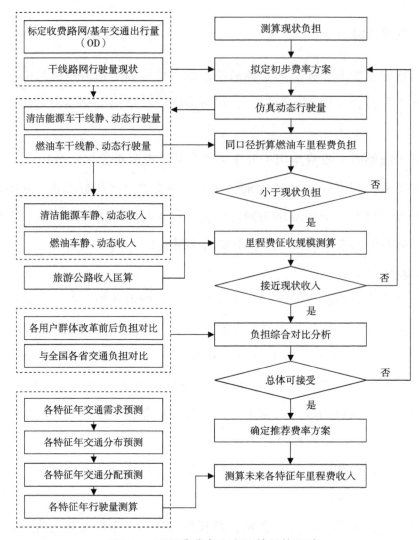

图5-1 里程费费率方案测算总体思路

5.2 交通特征调查与现状负担测算

5.2.1 交通特征调查

交通特征调查主要包括三个方面：一是全省高速公路、普通国省干线公路和重要县道的断面交通量调查，二是小客车用户出行特征与负担水平调查，三是客货运输企业运输成本调查。

（1）干线公路断面交通量调查

干线公路断面交通量调查主要是掌握路段交通总量和车型、时间分布等特征，是里程费征收规模测算的重要依据。在费率研究中，从海南省高速公路断面交通量中选取46个观测点数据，普通国省干线公路选取171个观测点数据，重要县道选取7个观测点数据，共计224个断面交通量数据，其中78个来自自动观测站、10个来自监控视频、136个来自人工现场观测点，对各观测点所在路段的断面交通量数据进行整理统计、加权分析后，得到交通量干线分布特征、车型结构特征等，基本掌握了海南省干线公路网路段交通流量特征，如图5-2和图5-3所示。

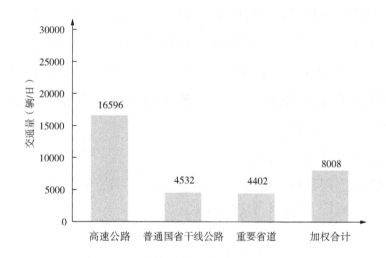

图5-2　海南省基年干线公路交通量状况

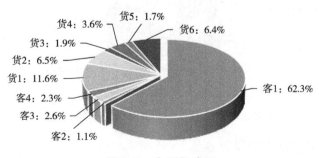

图5-3　车型构成图

从车型构成来看，客1占总行驶量的绝大多数，占比达到62.1%，其次为货1，占比为11.6%。从路网分布来看，高速公路日均交通量占比最高，约60%，其次为普通国省干线公路。这个结果符合人们对海南路网交通流量的一般认知。海南现行交通税费征收模式下，高速公路和国省道交通税费负担相同，但道路服务水平不同，因此用户更倾向于选择高速公路，因而高速公路日均交通量比国省道日均交通量高。

（2）小型客车用户出行特征与负担水平调查

用户出行特征和负担水平调查主要是了解各类别机动车驾驶群体车辆行驶量结构特征、机动车燃料消耗特征、出行负担及路径选择意愿度等信息，是里程费改革前后用户负担对比分析的重要依据，是里程费费率研究中交通分配参数选取的重要依据，也是对里程费改革实施的民意调查。本调查主要采用问卷调查方式，为方便调查，对小型客车用户主要采用电子问卷调查方式，用"问卷星"小程序编辑问卷，通过海南省交通系统工作人员的微信群、朋友圈和"海南日报"微信公众号等发布推广。

a. 问卷总数及各市（县）占比。

本次调查收到问卷11223份，其中海南省调查问卷10937份。问卷数占比前三的市（县）为海口、澄迈、三亚（图5-4）。

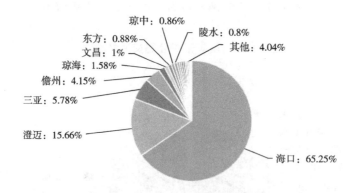

图5-4 海南省各市（县）小型客车调查问卷数量分布比例

b. 城市内部道路行驶里程占比。

根据小型客车年均行驶总里程与城市内部道路行驶里程统计（图5-5），

城市内部道路行驶里程占比为0.489。

1. 您车辆的**年均行驶里程**约为_____km：[单选题]

选项	小计	比例
<2500（km）	2680	23.89%
2500~5000（km）	1805	16.08%
5000~7500（km）	1328	11.83%
7500~10000（km）	1890	16.84%
10000~15000（km）	1952	17.39%
>15000（km）	1568	13.97%
本题有效填写人次	11223	

2. （接1）其中，年均**总行驶里程**中约有_____为**城市内部道路行驶里程**：[单选题]

选项	小计	比例
0%~25%	3030	27%
25%~50%	3061	27.27%
50%~75%	3082	27.46%
75%~100%	2050	18.27%
本题有效填写人次	11223	

图5-5 城市内部道路行驶里程调查

c．用户特征。

在用户特征方面，个人驾驶车辆占比最高，达到八成以上；驾车出行的主要目的为工作通勤、其他，经商和公务出行所占比例较小；中低收入人群占比较大，七成以上用户的年收入小于10万元，仅有约2%的用户年收入超过30万元；车辆燃料类型以汽油和电为主，天然气所占比例相对较小（图5-6）。

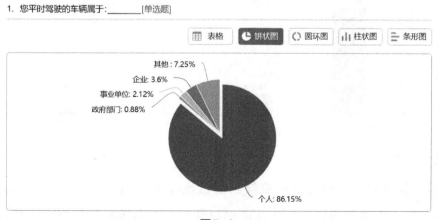

图5-6

2. 您平时驾车出行的主要目的为 _____ [多选题]

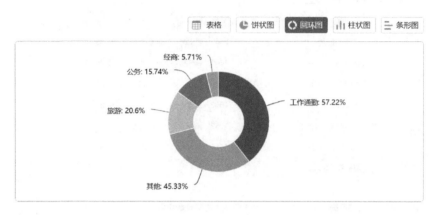

3. 您的年收入为：_____ [单选题]

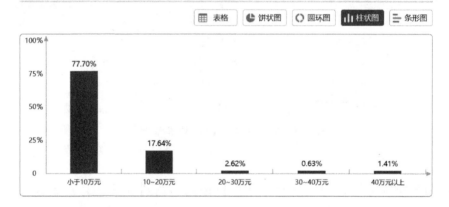

4. 您车辆的**燃料类型**为：_____ [单选题]

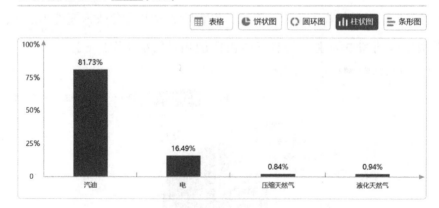

d. 用户偏好。

用户偏好方面，出行者对更换新能源汽车表现出极大的兴趣，超五成用户计划5年内更换新能源车，约九成用户计划10年内更换新能源车；长途出行时，大多数用户将"所选道路是否安全和舒适"以及"是否节省时间"作为重要的考量因素，"是否免费通行"和"是否节省燃油"不再是用户的首要考虑因素（图5-7）。

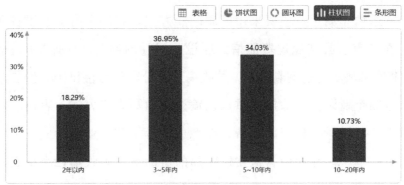

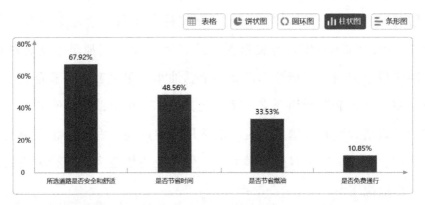

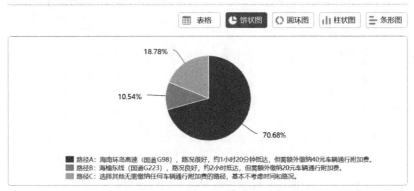

(3) 客货运输驾驶员用户和企业用户出行特征和负担调查

客货运输企业运输成本调查是里程费改革前后运营车辆交通规费负担比较的重要依据,为未来制定差异化费率政策提供量化依据,并与上述小型客车负担问卷调查结果进行交叉检验。

对客货运输车辆用户主要采用纸质问卷方式。在海南省交通规费征稽局的协助下,在各市、县交通规费征稽大厅设置问卷调查点,对前来办理规费征稽手续的客货车驾驶员进行问卷调查,共收集1727份客车问卷和2005份货车问卷。

客货运输企业调查采取抽样重点运输企业填写表格方式,表格内容包括车辆运行成本(行驶量、通行附加费、能源成本等)和企业运营成本(税金、维修费、人员费等)。在海南省道路运输局的协助下,共收集12个重点客运企业(含包车、班线方式)调查表和44个重点货运企业(含普货、危货运输)调查表,包含客车641辆、货车1001辆。

从统计结果来看(图5-8),各类车型的年均行驶里程差异较大,其中客1~客3、货1和货6的年均行驶里程不足10万公里,其他车型均超过10万公里。在能源费用方面,新能源车显著小于燃油车,很多客货运输企业逐步采购新能源车用来节省能源费用开支,降低运营成本。单车的折旧费和保险费会随着车型的升级增大而相应增多,货车的费用要普遍高于客车。各个企业间的管理成本、税金和人员工资等差异很大,一般企业规模越大,拥有车辆数越多,这部分支出也就越多。

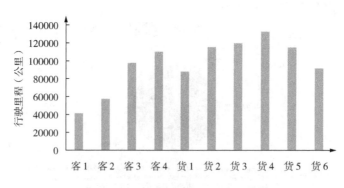

图5-8 客货运输车辆年均行驶里程

5.2.2 现状负担测算

以"燃油车各类车型里程费单位里程负担低于现行车辆通行附加费和燃油税征收模式平均折算负担"为刚性约束，需要准确把握各收费车型现状单位里程负担，将其作为里程费费率拟定的基础参照系。

当前，海南省汽油车通行附加费按燃料使用量征缴，即每使用1升汽油征缴1.05元通行附加费。柴油车通行附加费定额征缴，每吨200元。因此需要把现状负担的"元/升""元/吨"转化为"元/（车·公里）"，这样才能与里程费费率单位统一，便于比较。

根据海南省主要客货运输企业车辆行驶状况2019年度报表信息和2021年3月客货车驾驶员问卷调查数据，综合考虑2019年车辆通行附加费汽柴油征收额、车辆保有量、汽柴油零售量、燃油税返还额，以及海南省普通国省干线公路分车型行驶量数据，综合测算和校核各车型交通税费现状负担。由于各类数据口径不一致，在进行数据比对分析时，各车型里程费单位里程负担均采信偏保守数据，以确保里程费费率不增加各类型收费车辆负担。

在现行交通税费（车辆通行附加费和燃油税）征收模式下，测算海南省车辆用户负担。根据关注角度的不同，将两种交通税费的负担分为三种类型分别进行测算。

一是各类型车辆单车年负担，即平均每辆车一年缴纳的交通税费总额，主要用于里程费改革前后单个车辆用户年总负担之间的比较。

二是各类型车辆单位里程负担，即各类型车辆平均每公里的交通税费负担，主要用于里程费改革前后单位里程费率之间的比较。

三是各类型车辆年总负担，即各类型车辆一年缴纳的交通税费总额，主要用于里程费改革前后不同类型车辆的总负担之间的比较。

（1）车辆通行附加费负担

2008年12月18日，五届海南省人民政府第21次常务会议审议通过《海南省机动车辆通行附加费征收管理暂行规定》，决定从2008年12月20日起停征燃油附加费，开征车辆通行附加费，汽油车在销售环节价外征收，柴油车按吨位定额征收。随后，海南省交通厅、财政厅、发展和改革委员会颁布了相关文件，对机动车辆通行附加费征收标准和具体缴费方式等进行了规定。2010年9月20日，海南省第四届人民代表大会常务委员会第十七次会议审议通过了《海南经济特区机动车辆通行附加费征收管理条例》。

根据自2011年1月1日起施行的《海南经济特区机动车辆通行附加费征收管理条例》，机动车辆通行附加费的征收标准，由省价格主管部门会同省财政、交通运输行政主管部门提出方案，报经省人民政府批准后公布执行。机动车辆通行附加费根据本经济特区公路建设发展情况、物价指数等因素适时调整。不同时期征收车辆通行附加费标准：

①2009—2013年，汽油车通行附加费征收标准为0.9元/升，柴油车通行附加费征收标准为210元/（吨·月）。

②2013年4月调整收费标准并沿用至今，汽油车通行附加费征收标准为1.05元/升，柴油车通行附加费征收标准为220元/（吨·月）。

③暂不征收燃气通行附加费。

另外，为减轻社会负担，对拖拉机、三轮机动车、联合收割机、农村客运班线车辆、城市公共汽车等免征车辆通行附加费。对用于涉及交通行业的公益事业以及农业、渔业等的非车用汽油，通过财政转移支付的方式给予各市、县补贴。

当前，海南省汽油车通行附加费定量征缴，即每使用1升汽油征缴1.05元通行附加费。因此汽油车通行附加费负担直接由年均行驶量和平均行驶油耗决定，即汽油车通行附加费与燃油消耗量和行驶量之间具有较强的线性相关性。柴油车通行附加费定额征缴，其征缴额度与车型直接挂钩，而与行驶里程和燃油消耗量无直接关系。因此，柴油车单位行驶里程通行附加费负担［元/（车·公里）］直接由年均通行附加费缴费额和年均行驶里程决定，单车通行附加费负担（元/车）即为该车年均通行附加费缴费额。针对某一类别车辆，汽油车和柴油车单位里程通行附加费负担和车均通行附加费负担测算公式如下：

①单位里程通行附加费负担测算公式。

汽油车：单位里程通行附加费负担［元/（车·公里）］=通行附加费费率

（元/升）×百公里平均油耗（升/公里）。

柴油车：单位里程通行附加费负担［元/（车·公里）］=年均通行附加费缴费额（元/年）/年均行驶里程（公里/年）。

②车均通行附加费负担测算公式。

汽油车：车均通行附加费负担（元/年）=单位里程通行附加费负担［元/（车·公里）］×年均行驶里程（公里/年）。

柴油车：车均通行附加费负担（元/年）=年均通行附加费缴费额（元/年）。

此外，针对某一计费车型群体，单位里程通行附加费负担、定额费年总征缴额和年总行驶量三者可交叉验证。其中，年总行驶量可进一步依托全路网交通调查结果及海南省燃油消耗量进行校核。

③单位里程通行附加费负担验证公式。

汽油车：单位里程通行附加费负担［元/（车·公里）］=汽油费年总征缴额（元/年）/年总行驶量（车·公里/年）。

柴油车：单位里程通行附加费负担［元/（车·公里）］=定额费年总征缴额（元/年）/年总行驶量（车·公里/年）。

综合上述多源统计数据，将客1类传统燃油车按汽油车主体计量，将客2~客4及货车类传统燃油车按柴油车主体计量，对各类别车辆群体通行附加费进行交叉测算得到，测算结果如图5-9所示。

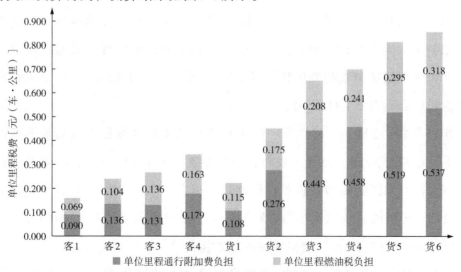

图5-9　各类型车辆单位里程税费负担结构

(2)燃油税现状负担

根据2008年12月国务院下发的《国务院关于实施成品油价格和税费改革的通知》(国发〔2008〕37号)文件精神,海南省于2009年1月1日起取消公路养路费、航道养护费、公路运输管理费、公路客货运附加费、水路运输管理费、水运客货运附加费等六项费用,逐步有序取消政府还贷二级公路收费,提高现行成品油消费税单位税额(汽油消费税单位税额每升提高0.8元,柴油消费税单位税额每升提高0.7元),不再新设立燃油税,利用现有税制、征收方式和征管手段,实现成品油税费改革相关工作的有效衔接。

成品油消费税属于中央税,由国家税务局统一征收(进口环节继续委托海关代征)。纳税人为在我国境内生产、委托加工和进口成品油的单位和个人。纳税环节为生产环节(包括委托加工环节和进口环节)。计征方式实行从量定额计征,价内征收。

2014年11月28日,《财政部 国家税务总局关于提高成品油消费税的通知》(财税〔2014〕94号)发布,规定自2014年11月29日起,将汽油、石脑油、溶剂油和润滑油的消费税单位税额在现行单位税额基础上提高0.12元/升;将柴油、航空煤油和燃料油的消费税单位税额在现行单位税额基础上提高0.14元/升。航空煤油继续暂缓征收。

2014年12月12日,《财政部 国家税务总局关于进一步提高成品油消费税的通知》(财税〔2014〕106号)发布,规定自2014年12月13日起,将汽、柴油消费税单位税额分别提高0.28元/升和0.16元/升,由1.12元/升和0.94元/升分别提高到1.40元/升和1.10元/升。

2015年1月12日,《财政部 国家税务总局关于继续提高成品油消费税的通知》(财税〔2015〕11号)发布,规定自2015年1月13日起,将汽油、石脑油、溶剂油和润滑油的消费税单位税额每升提高0.12元,由每升1.4元提高至每升1.52元;将柴油、航空煤油和燃料油的消费税单位税额每升提高0.1元,由每升1.1元提高至每升1.2元。航空煤油继续暂缓征收。

从2014年到2015年,连续3次提高成品油消费税税率,汽、柴油成品油消费税单位税额分别上涨了0.52元/升和0.4元/升，但3个文件中均未提及成品油消费税中所含燃油税的涨幅比例，因此仍按成品油消费税改革初年（2008年）单位税额保守估算，汽油燃油税上涨了0.8元/升，柴油燃油税上涨了0.7元/升。

根据《国务院关于实施成品油价格和税费改革的通知》（国发〔2008〕37号）文件规定，成品油消费税新增税收的支出第一顺位为替代公路养路费等六项收费的支出，具体额度以2007年的公路养路费等六项收费为基础，考虑地方实际情况按一定的增长率来确定。

海南省2009年燃油税返还基数为9.5亿元，此后逐年增长。2017年之后，燃油税返还基数基本稳定在13.9亿元。

燃油税负担可基于汽、柴油燃油税税率，车辆油耗指标和行驶里程信息测算。其中，汽油车燃油税按0.8元/升计，柴油车燃油税按0.7元/升计。针对某一具体类型车辆，单位里程燃油税负担和单车燃油税负担计算如下：

单位里程燃油税负担［元/（车·公里）］=燃油税税率（元/升）×百公里平均油耗（升/公里）。

单车燃油税负担［元/（车·年）］=单位里程燃油税负担［元/（车·公里）］×年均行驶里程（公里/年）。

基于企业和驾驶员群体调查数据，分车型燃油税负担水平测算如图5-9所示。此外，燃油税负担水平测算亦可根据燃油税征缴额、年总税费负担和燃油消耗相关数据交叉校验。

5.3 标定模型与收费费率、收入测算

（1）收费费率-交通量模型

基于海南省公路网数据、OD数据、交通量校准观测数据和出行特征信息，综合考虑各种公路交通量分配影响因素，构建、完善和校准适用于海南省的"收费费率-交通量"仿真测算平台。

由于高速公路里程费费率高于普通国省干线公路里程费费率，因此实施里程

费改革后，在经济杠杆作用下，高速公路上部分交通量会转移到普通国省干线公路上。

根据对我国干线公路出行车辆的调查分析，对车辆路径选择影响较大的服务因素为高速公路通行费收费额、车辆在途时间和车辆运行成本。其中，通行费收费额和车辆运行成本反映了车辆出行的货币成本，车辆在途时间主要反映车辆出行的时间成本，而时间成本是由出行耗费的时间量和单位时间价值（Value of Time, VOT）共同决定的。此外，不同车型在技术、经济特点和使用群体上的差异性也会导致各车型在路径选择方面存在一定程度的固有偏好。

考虑里程费费率对路网交通流量的影响，本研究根据问卷调查得到的用户出行行为特征，标定交通转移模型，利用TransCAD 8.0交通仿真软件在收费路网进行仿真模拟，得到各车型交通量转移后的分布特征。

面向海南省里程费征收模式，动态交通量转移评估基于SUE（Stochastic User Equilibrium，随机用户平衡）交通流分配理念，综合考虑具体类型车辆行驶税费成本、油耗成本和时间成本，考虑多种可选行车路径和多种车辆运行成本（Vehicle Operation Cost, VOC）因素，不同类型车辆对不同行车路径的选择偏好采用多元Logit路径选择概率模型表达，如下：

$$P_{rd}^k = \frac{e^{\theta_k \cdot U_{rd}^k}}{\sum_{\forall x \in R_d} e^{\theta_k \cdot U_{rd}^k}}$$

其中，$U_{rd}^k \in (-\infty, 0)$，为第$k$种车型在OD对$d$（由起始点O行驶至目的地D）下选择路径的行车效益值。行车效益值表达公式如下：

$$U_{rd}^k = -a \cdot (VOT^k \cdot T_{rd}^k) - b \cdot F_{rd}^k - c \cdot C_{rd}^k$$

式中，VOT^k为第k种车型在行驶过程中的时间价值；T_{rd}^k、F_{rd}^k和C_{rd}^k分别为车辆在途时间、所缴纳通行费和车辆运行成本；a、b、$c(a \geq 0, b \geq 0, c \geq 0)$为上述三种行车成本的权重参数。

效益值越大，代表相应路径的行车阻抗越小，此路径被选择的概率越大。此项研究中各类型车辆路径选择成本权重参数根据海南省现交通量干线分布特点和对各类型车辆驾驶员群体的调查数据标定。在参数测算和校正过程中，以偏乐观的方式估算各类型车辆交通转移量,即从高速公路转移到普通国省干线公路的转移量较实际意愿度探测情况略大,因此,里程费动态收入测算值就较小,可视作保守收入测算值。

基于海南省现行交通税费征收模式下全干线路网出行OD和交通量分布状况、各公路路段通行效率、各类型车辆行驶能源消耗成本,综合多用户群体在显性收费模式下的路径选择意愿度问卷调查结果,各类型收费车辆路径选择概率模型参数标定由表5-1给出。收费成本变量和能源消耗成本变量量纲均为人民币,即显性费用成本,时间成本根据车辆使用者的时间价值估计。鉴于时间价值的争议性和测量的不可验证性,本研究将时间成本参数与时间价值(即 $a \cdot VOT$)统一考虑为一个参数变量,即时间权重,完成模型参数量化标定。具体来讲,行车成本变量以分钟为量纲,收费成本变量和能源消耗成本变量以人民币为量纲,时间权重归一化(便于直观比较)后的各类型车辆相关成本权重参数如表5-3所示。

海南省公路交通量路径选择参数校核标定
(归一化时间成本参数) 表5-3

计费车型	时间权重[①] 归一化 $\alpha = a \cdot VOT$	收费权重 $\beta = \dfrac{b}{a \cdot VOT}$	能源费权重 $\gamma = \dfrac{c}{a \cdot VOT}$
客1	1.0	0.643	0.361
客2	1.0	1.116	1.127
客3	1.0	1.429	1.453
客4	1.0	1.471	1.514
货1	1.0	1.196	0.870
货2	1.0	1.934	1.338
货3	1.0	2.130	1.859
货4	1.0	2.960	2.359
货5	1.0	2.338	2.017
货6	1.0	3.152	2.901

① 在折算时间价值和归一化时,该表所对应时间参数和时间价值评价以分钟为量纲。

由表5-1可见,客1类车辆时间成本相对较高,收费成本权重和能源消耗成本权重相对较低，即在行驶过程中，更加注重行车效率。而对于货车，收费成本和能源消耗成本相对时间成本而言更易影响车辆驾驶员路径选择决策，尤其是大型货车驾驶员，其对收费更加敏感。此外，驾驶员群体对直接费（如能源费、通行费）敏感度相对偏高，其根本原因还是通行费更加直观。

（2）拟定初步费率体系

根据里程费费率制定基本原则拟定初步费率体系须满足以下几个方面的要求：一是保证各类型车辆用户群体（传统燃油车）平均行驶负担相较海南省现规费征收模式平均行驶负担不增加，二是普通国省干线公路费率低于高速公路费率，三是清洁能源车费率低于燃油车费率，四是保证客货车收费系数不出现倒挂。

（3）测算加载费率的行驶量

拟定初步费率体系，在全路网对各类型车辆行驶量进行交通仿真，该行驶量为受费率标准及不同道路类别费率级差效应影响的动态交通行驶量。受费率级差效应影响，动态仿真场景下高速公路行驶量相较静态行驶量（现模式）出现一定幅度的下滑，而普通国省干线公路行驶量出现一定程度的增长，此为交通量转移导致的现象。

（4）拆分燃油车行驶量

调查分析所有车辆在全路网的总行驶量后，根据海南省当前各收费燃油车和清洁能源车保有量及行驶结构特征调查数据，可以拆分燃油车和清洁能源车行驶量比例。

（5）对比燃油车单位里程负担

根据里程费费率标准和全路网各类型车辆行驶量，将燃油车里程费费率负担折算为全路网单位里程负担，与现有交通负担进行同一口径比较。

（6）测算里程费收入

根据初步费率体系和行驶量即可计算里程费收入：

$$里程费收入 = \sum\sum 行驶量 \times 费率$$

综合评判各类型车辆单位里程缴费负担和里程费收入，再调整费率，迭代计算，直到费率标准满足各项指标。

5.4 里程费体系下的减免政策

5.4.1 街道化路段

海南省部分普通国省干线公路沿线街道化严重，部分道路位于城市建成区。根据管养责任和产权主体不同，街道化的普通国省干线公路分为3种类型。

> 类型一为道路资产属市政部门，由市政部门管养。
> 类型二为道路资产属公路局，由市政部门管养。
> 类型三为道路资产属公路局，由公路局管养，沿线两侧房屋建筑区超过500米。

建议对街道化的普通国省干线公路免征里程费，理由如下：

一是根据里程费改革总体方案，鉴于城市道路和农村公路的公益属性，不对其征收里程费。街道化的普通国省干线公路属于当地居民通勤道路，亦具有城市道路或农村公路的公益属性，因此从公平性角度考虑，建议不对其征收里程费。

二是街道化的普通国省干线公路里程较短，平均约2.5公里/段，当地居民日常通勤频繁行驶在该路段，若征收里程费，居民将频繁收到小额账单，体验感较差，将形成不利于里程费改革的舆论环境。因此从居民出行感受角度考虑，建议不对其征收里程费。

5.4.2 绿通车辆免征

(1) 海南省现行绿通政策

根据《海南省交通运输厅 海南省物价局转发交通运输部 国家发展改革委关于进一步完善和落实鲜活农产品运输绿色通路政策的通知》(琼交运管〔2010〕32号)文件精神,海南省对进、出岛的整车合法装载鲜活农产品的运输车辆各免征3日车辆通行附加费。绿色通道减免产品包括:新鲜蔬菜、新鲜水果、活的畜禽、新鲜的肉蛋奶、冻畜禽肉、冻水(海)产品、新鲜槟榔(不含加工过的)等。

具体实施流程:运输鲜活农产品进、出岛的车辆,进、出岛时由缴费义务人持道路运输货物运单、过海单、海南省农产品农药残留检测报告单到港口征稽机构申报,经核验确认后减免进、出岛各三天的车辆通行附加费。

(2) 内陆省区市绿通政策

2019年,根据《交通运输部 国家发展改革委 财政部关于进一步优化鲜活农产品运输"绿色通道"政策的通知》(交公路发〔2019〕99号),将绿通范围严格限定为全国统一的《鲜活农产品品种目录》内的整装车辆,并要求建立"绿色通道"预约服务制度,将其纳入全国信用体系建设。

根据《交通运输部关于进一步做好高速公路车辆通行费优惠预约通行服务工作的通知》(交公路明电〔2020〕204号),对符合政策规定的鲜活农产品、跨区作业联合收割机(插秧机)等运输车辆,将通过安装和使用ETC车载装置、提前预约通行的方式,保障其不停车快捷通行并继续享受车辆通行费减免优惠政策。

具体操作时,注意以下几个方面:一是需要在入口收费站设置一条兼具通行和登记功能的车道。二是根据规定,鲜活农产品和跨区作业联合收割机(插秧机)运输车辆的驾驶人员应在高速公路出口收费站设立的指定查验点,主动向收费站工作人员提出申请,待查验合格后,方可离开收费站查验点。如查验结果合格,按规定免收车辆通行费;否则,将全额扣除应缴的车辆通行费。即需要在出口收费站后的指定位置,对所有拟免费车辆进行查验,如此方能判断是否应扣费。对信用记录良好的车辆,将逐步降低查验频次,不断提高其通行效率。三是此项收费业务更需加强省内收费系统与全国统一的预约小程序的对接,其服务效率和服务质量更依赖于预约小程序的准确性和可靠性。

(3) 里程费改革后的绿通减免政策

里程费改革实施后,海南省绿通车辆安装车载设备,按实际行驶的收费公路里程计费,关于如何实施绿通减免政策以下问题值得探讨。

一是减免车辆范围。海南省车辆通行附加费仅对进、出岛的绿通车辆减免。而内陆省区市是针对所有符合产品和装载要求的绿通车辆减免。

二是减免道路范围。在海南省现行车辆通行附加费模式下,柴油车按吨位定额征收,无法区别行驶道路,因此通过核验相关单据,对符合要求的进、出岛绿通车辆统一各减免3天的车辆通行附加费。内陆省区市根据《交通运输部 国家发展改革委 财政部关于进一步完善鲜活农产品运输绿色通道政策的紧急通知》(交公路发〔2010〕715号)要求,从2010年12月1日起,所有收费公路(含收费的独立桥梁、隧道)全部纳入鲜活农产品运输"绿色通道"网络范围。

三是减免费额。海南省现行车辆通行附加费征收模式对符合要求的绿通车辆一次进、出岛统一减免3天费额,无论该车辆实际行驶多少公里,在岛内停留几天。内陆省区市是对符合要求的绿通车辆减免该趟次的所有通行费。

里程费模式下,如果对所有符合要求的绿通车辆,免除其在行驶所有收费路网中的所有里程费,则减免范围将远远大于车辆通行附加费模式下和内陆省区市的减免范围。从车辆范围看,大于车辆通行附加费模式下的进、出岛绿通车辆范围。从道路范围看,大于内陆省区市的收费公路范围,虽然名义上均指收费公路,但海南的收费公路包括所有普通国省干线公路,远比内陆省区市的收费公路范围大。更重要的是,从减免费额看,海南现模式仅减免车辆通行附加费,内陆省区市减免通行费,均没有减免燃油税,而里程费模式若减免绿通车辆的所有里程费,则包括了车辆通行附加费和燃油税两部分。

综合上述因素,建议在里程费模式下,对符合装载要求的所有绿通车辆减免所有高速公路行驶的里程费,理由如下:

一是里程费替代车辆通行附加费和燃油税后,实际征收中难以再拆分出两种费用,但里程费模式便于区分高速公路和普通国省干线公路,在实施中界定清晰,操作简便,并且里程费改革后也不宜再强调车辆通行附加费和燃油税这两个概念。

二是里程费绿通减免政策一方面缩小道路范围,另一方面扩大减免金额范围,保障减免体量与内陆省区市基本相同,甚至更大。其实,对于大部分省区市而言,高速公路占收费公路的绝大多数,因此与内陆省区市相比,实质上收费道路范围并未缩小多少,对于货1~货6来说,高速公路上免除燃油税部分相当于每公里税费负担减少了0.09~0.31元。

三是对高速公路上的绿通车辆实行绿通减免政策,可促使绿通车辆更倾向于选择高速公路,从而促进绿通产品快速流通,提高高速公路使用效率。

在具体操作中,对于如何界定"符合要求的绿通车辆",可参考车辆通行附加费及内陆省区市的绿通做法,由于里程费模式没有收费出入口,因此难以查验,可综合采用事先预约、事中计费、事后持证申报的方式减免。

5.4.3 节假日小型客车免费政策

(1)海南省现行小型客车节假日免费政策

按照《国务院关于批转交通运输部等部门重大节假日免收小型客车通行费实施方案的通知》(国发〔2012〕37号)要求,海南省制定了《海南省重大节假日免收小型客车机动车辆通行附加费实施方案》,7座以下使用汽油的小型客车,按车每年退付110元;7座以下使用柴油的小型客车,在缴费时扣除节假日天数计征。具体退费流程是,车主填写申报表,征稽机构审核汇总制表并上报省财政厅,省财政厅将退费金额拨付给征稽机构账户,征稽机构再退给车主。

对于在节假日期间进入海南省的外省小型客车,海南省征费体制不能逐车核实用油量以办理退费，因此，其不为减免机动车辆通行附加费中的退费对象。

（2）内陆省区市小型客车节假日免费政策

2012年7月，交通运输部、发展改革委、财政部、监察部、国务院纠风办联合发布《重大节假日免收小型客车通行费实施方案》，规定免费通行的时间范围为春节、清明节、劳动节、国庆节等四个国家法定节假日，以及当年国务院办公厅文件确定的上述法定节假日连休日。免费时段从节假日第一天00：00开始，节假日最后一天24：00结束（普通公路以车辆通过收费站收费车道的时间为准，高速公路以车辆驶离出口收费车道的时间为准）。免费通行的车辆范围为行驶收费公路的7座以下（含7座）载客车辆，包括允许在普通收费公路行驶的摩托车。免费通行的收费公路范围为符合《中华人民共和国公路法》和《收费公路管理条例》规定的，依法批准设置的收费公路（含收费桥梁和隧道）。各地机场高速公路是否可以免费通行，由各省（自治区、直辖市）人民政府决定。

（3）里程费模式下的小型客车节假日免费政策

与绿通政策类似，里程费模式下实施小型客车节假日免费政策，如果对所有符合要求的小型客车，免除其在节假日期间行驶所有收费路网的所有里程费，则减免范围将远远大于车辆通行附加费模式和内陆省区市的减免范围。从道路范围看，大于内陆省区市的收费公路范围，虽然名义上均指收费公路，但海南的收费公路包括所有普通国省干线公路，远比内陆省区市的收费公路范围大。从减免费额看，海南现模式仅减免车辆通行附加费，内陆省区市减免通行费，均没有减免燃油税，而里程费模式下，若在节假日减免小型客车的所有里程费，则包括了车辆通行附加费和燃油税两部分。

综合上述因素，建议里程费模式下，在四个法定节假日期间对所有7座以下（含7座）小型客车减免所有在高速公路行驶的里程费。理由同绿通减免政策一致，一是保证界定清晰，操作简便，二是保障免费体量与内陆省区市基本一致，三是提高高速公路使用效率。

在具体操作中，需要将一型客车分为7座及以下客车和7座以上客车。

5.4.4 免征车辆范围

（1）海南省免征车辆

根据《海南经济特区机动车辆通行附加费征收管理条例》，免征车辆包括6类，详见4.1节。

其中农村客运班线车辆分为两类：一是线路的起点、终点均在同一县域内且有一端在农村的车辆；二是线路的起点、终点在相互毗邻的两个县之间且有一端在农村的车辆。

（2）内陆省区市免征车辆

> 根据《收费公路管理条例》（修订草案征求意见稿），免交车辆通行费的车辆为以下6类：
>
> 军队和武警部队车辆；
>
> 公安机关、交通运输管理部门在辖区内收费公路上处理交通事故、执行正常巡逻任务和处置突发事件的统一标识的制式警车、公路监督检查专用车辆；
>
> 悬挂专用号牌的消防救援车辆；
>
> 经国务院交通运输主管部门或者省、自治区、直辖市人民政府批准执行抢险救灾任务的车辆；
>
> 进行跨区作业的领有号牌和行驶证的联合收割机（包括插秧机）及其专用的运输车辆；
>
> 经国务院批准的特定车辆。

（3）里程费模式下的免征车辆政策

对比海南省车辆通行附加费和内陆省区市通行费免征政策，重合的车辆包括：联合收割机及运输联合收割机（包括插秧机）的车辆，军队车辆、武警部队车辆，国务院、省人民政府批准执行抢险救灾任务的车辆。

由于车辆通行附加费按燃油使用量收取，因此车辆通行附加费征收模式需要将城市环卫车、医疗专用救护车、防疫车、采血车、城市公共汽车、农村客运班线车辆等纳入免征范围。而里程费模式下，这些车辆主要在城市道路或农村公路上行驶，实质上无需缴里程费，较之原模式，还免除了燃油税。

拖拉机和三轮机动车也不属于汽车范畴。

挖掘机、推土机、装卸机等不能载客、载货的专用车辆，在《收费公路车辆通行费车型分类》（JT/T 489—2019）中属于专项作业车，内陆省区市一般是按货车标准收费。

综上所述，建议里程费免征车辆范围依据《收费公路管理条例》（修订草案征求意见稿）的规定设定，虽然免征金额既包括车辆通行附加费，也包括燃油税，但由于免征车辆总量较少，对征费总额影响不大，可忽略。

5.5 计费规则与调价机制

5.5.1 计费规则

（1）穿越城镇的收费道路

普通国省干线公路部分路段穿越城镇，街道化严重，且与其他城镇道路相距较近，若对此类路段正常计量征收里程费，则可能出现以下问题：

一是北斗定位车载设备定位精度一般为6~10米，在车辆穿越城镇路段时，可能不能精确区分收费的普通国省干线公路和附近免费的城镇道路，从而产生一定的纠纷。

二是即便采取高精技术能够精确区分收费与不收费道路，但穿城区域附近的居民在生产、生活中频繁穿行的收费道路，存在大量500~1000米的短途交通，若均按里程精准计费，则用路者体验感较差，甚至可能因规避收费造成交通混乱。

针对上述问题，有两种解决方式：方式一是设定起步计费里程，即一次出行超过某距离后才开始计费；方式二是将穿越城镇的收费道路在收费地图中标记为免费道路。

两种方式均可以有效解决上述问题，从操作性来看，方式一需要准确定义何谓"一次出行"，是按行驶时间、距离还是起讫点？还需要合理规定起征里程。方式二需要遴选海南省所有收费道路中穿越城镇的路段，合理确定每条免费路段的具体里程坐标，并在收费地图上标定为免费路段。

统筹考虑两种方式在收费系统中的操作难度、计算量及公众可接受程度等，推荐采用方式二。

（2）行驶里程的计算

计费是按车辆实际行驶的里程计算，还是按地图上标定的道路里程计算？

里程费征收将按照车辆在收费道路的实际行驶里程计算。实际行驶里程的确定方式有两种，方式一是根据车载设备实时定位信息计算实际运行轨迹长度，方式二是根据车辆定位信息，在收费地图上计算其所经过的收费道路长度。

从用户角度看，方式一和方式二的区别在于，对于从相同的A点到B点的两次行程，由于实际行驶中变道等，根据方式一计算的两次行驶距离可能不相同，收费也就可能不同，根据方式二计算的两次行驶距离不受变道等实际轨迹影响，而是根据收费地图计算两点间道路长度，两次距离均相同。如果采用方式一，实际收费中可能会引发纠纷，但也可对随意变道等不文明驾驶行为起到抑制作用。

从收费系统计算的角度看，方式一对车载定位信息处理量较大，但比较容易实现；方式二需要系统内部不断调用地图信息计算两点距离，更占用内存和时间。

统筹考虑用户感受和收费系统操作难易程度等，建议采用方式一。

（3）结算周期和方式

计费是实时结算，还是按天、按周结算？是自动扣款，还是账单认缴？

海南省里程费征收采用北斗定位方式计费,道路为全开放道路,无需收费抬杆,因此无需实时结算。

统筹考虑收费系统的计算能力和容量,可借鉴内陆省区市撤销省界收费站ETC技术方案和结算方案,在夜间再运行计费和结算功能。结算账户为车载设备绑定账户,结算方式为自动扣款,结算精度为0.01元。

5.5.2 调价机制

目前,国内很多省市的公共交通、轨道交通等公共服务部门都已建立与成本联动的调价机制,《收费公路管理条例》(修订草案征求意见稿)也提出"省、自治区、直辖市人民政府应当建立收费公路收费标准动态评估调整机制,评估调整周期最长不得超过5年"。为实现海南公路交通的可持续发展,形成稳定的公路建设养护资金来源和投融资渠道,海南也应建立里程费的调价机制。

建议海南建立里程费的定期动态调价机制,根据海南省公路建养资金需求、车辆保有量、车辆能源结构、物价水平、居民收入等因素的变化,定期进行费率水平评估和调整。

6 关于里程费征收机构与管理模式

6.1 里程费征收机构

(1)从相关法规和财税制度来看,里程费应由行政事业单位征收

从资金性质来看,《海南经济特区机动车辆通行附加费征收管理条例》明确规定机动车辆通行附加费属于政府性基金。《政府性基金管理暂行办法》对征收机构的要求有两点:一是第二十二条规定,各级财政部门可以自行征收政府性基金,也可以委托其他机构代征政府性基金;二是第二十四条规定,政府性基金征收机构在征收政府性基金时,应当按照规定开具财政部或者省级政府财政部门统一印制或监制的财政票据。

根据2013年施行的《财政票据管理办法》,财政票据是指由财政部门监(印)制、发放、管理,国家机关、事业单位、具有公共管理或者公共服务职能的社会团体及其他组织(以下简称"行政事业单位")依法收取政府非税收入或者从事非营利性活动收取财物时,向公民、法人和其他组织开具的凭证。

从以上文件规定可以看出,政府性基金征收机构必须开具财政票据,而财政票据须由上文所提到的行政事业单位开具。里程费替代车辆通行附加费,也属于政府性基金,亦应由上述行政事业单位征收。

(2)从历史沿革和管理实践来看,海南省交通规费征稽局作为车辆通行附加费的征收机构,积累了丰富的管理经验

目前,海南省车辆通行附加费由海南省交通规费征稽局(以下简称"省征稽局")负责征收管理,该机构成立于1993年12月,为正处级事业单位,隶属海南省交通运输厅,下设海南省燃油批发管理所、海南省交通规费海上稽查大队、海南省交通规费自动化管理中心和各市、县交通规费征稽所等直属单位。省征稽局的主要职能是负责全省交通规费征收稽查工作。

省征稽局对车辆通行附加费征收已形成了成熟的征收方式,并积累了丰富的管理经验。汽油车辆从汽油销售环节中按销售油品数量价外征收,由汽油销售企业依据汽油购买数量去征稽机构缴费。由于我国对汽油的生产、运输、存储、计量、销售等各个环节已形成了较为精细的封闭式管理模式,省征稽局针对海南境内的汽油生产和销售企业建立了详细的档案和信息管理系统等。对柴油车辆采用按吨位定额征收方式,由车主主动缴费。省征稽局一方面通过手机App等不断提升车主缴费的便利性,并不断完善免征、报停、减免、退费等各项政策措施;另一方面建立了覆盖全省公路、城市道路及封闭货物运输场地的稽查追缴管理体系,确保应缴必缴。虽然基于自由流收费技术的里程费改革将使上述征收管理方式基本失效,但若对摩托车、进岛外省车辆等采用定额征收方式,则仍可沿用之前征收管理系统和经验。

从管理实践来看,除了征收方式和征收信息系统之外,对交通规费的管理,还包括规费收入票据管理、资金管理、行政稽查执法、收费调价、各种减免政策执行、申诉复议、数据统计报送等行政管理工作。尤其是里程费作为调节交通流量的杠杆和其他政策导向的调节工具,收费调价的报批工作将更加繁重。因此,从我国目前国情和管理需要来看,里程费征收仍需要由具有政府信用背书的机构(事业单位或国有企业)承担管理职能。

(3)从征收技术和方式来看,可以引入科技企业等社会力量合作完成

从收费方式来看,若在海南省实施基于自由流收费技术的里程费征收,将彻底颠覆车辆通行附加费的征收方式,无论是对汽油车的价外征收还是对柴油车的定额征收,管理方式和经验都不再适用,之前汽油企业的档案管理,柴油车辆的定额缴费系统、稽查系统等都将失效。因此,单纯从收费技术角度来看,省征稽局目前的征收系统将无用武之地,需要重新建设新的征收和稽查系统,这可通过与科技企业合作实现。

（4）从里程费征收技术对公路运行管理的影响和变革来看，宜由交通部门主导和实施里程费征收

里程费征收基于可全程定位、精准计量的自由流收费技术，在发挥收费功能的同时，将获取相关道路的实时交通流向、流量数据，将为公路实时运行监测、科学制订管养计划、公路投资决策等提供坚实的数据支撑，也将为未来实现车路协同运行提供更加丰富、便捷的出行服务，还将为应急救援等提供全天候、实时、可靠的交通数据。可以说，对里程费收费系统的数据挖掘和充分利用，对全面赋能海南省公路网系统、提升公路网智能化水平具有重要意义。因此，鉴于里程费征收技术对公路网运行管理的重要作用，建议其征收由交通部门实施，以便密切支撑与完善公路网运行管理体系。

综上所述，可对交通主管部门所属省征稽局进行职能调整，将其作为里程费征收机构，使其承担交通规费行政管理职能，具体的征收技术、征收方式、征收系统建设等事项，可由省征稽局与社会企业合作开展。

6.2 里程费征收管理模式比选

6.2.1 模式一：由事业单位负责里程费征收

模式一是一种传统的交通规费管理模式，与现行的省征稽局的征收车辆通行附加费模式，以及部分省区市高速公路管理局征收车辆通行费模式相似。其主体关系如图6-1所示。

由交通主管部门成立或指定事业单位全面承担里程费征收的相关工作。

里程费收费系统前期设施、设备由政府投资建设，终端设备可采用用户付费模式或者参照ETC的推广模式，由银行或其他发行机构承担费用，免费为用户安装。每年运维费用用征收收入支付。

事业单位通过面向社会公开招标的方式，建设后台管理系统、稽查系统。在运营过程中，由事业单位负责票据管理、资金管理、行政执法、监督管理等

工作。在对车辆用户的管理中,事业单位负责后台管理、计费扣费、稽查取证、客户服务、商业化应用等工作。

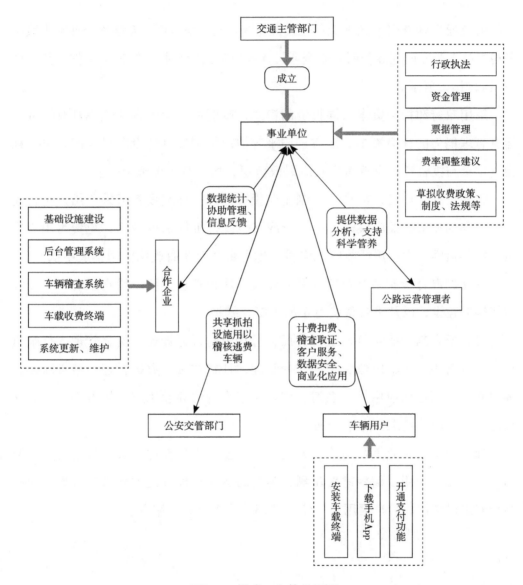

图6-1 模式一主体关系图

事业单位负责与第三方支付平台签订用户支付协议,与公安交管部门共享抓拍设施用以稽核逃费车辆;为公路运营管理者提供实时交通数据,为科学管养提供依据;为车辆用户提供客户服务。

6.2.2 模式二：成立混合所有制企业

由交通主管部门下属事业单位或国有企业与通信应用、互联网企业或大数据公司等社会企业成立混合所有制企业，承担里程费的征收、管理等工作。其主体关系如图6-2所示。

采用政府和社会资本共同投资的模式，政府通过竞争方式选择具有投资、运营管理能力的社会资本，双方按照平等协商原则签订建设项目合同。引入社会资本参与投融资可有效减轻政府财政负担，加快基础设施建设。

前期设施、设备由混合所有制企业投资建设。终端设备可采用用户付费模式或者参照ETC的推广模式，由银行或其他发行机构承担费用，免费为用户安装，每年运维费用可用征收收入支付，也可由企业在商业化应用拓展中抵冲。

成立的混合所有制企业负责平台建设，后台管理系统、稽查系统和车载收费终端的建设，以及平台系统每年的更新、维护。

混合所有制企业还负责里程费征收过程中的票据管理、资金管理、行政执法、监督管理、车辆定位管理、后台管理、计费扣费、数据管理、稽查取证、客户服务、商业化应用等一系列工作。对于平台的商业化应用拓展部分，需在交通主管部门的批准下有序开展。

混合所有制企业负责与第三方支付平台签订用户支付协议，与公安交管部门共享抓拍设施用以稽核逃费车辆；为公路运营管理者提供交通量数据，为科学管养提供依据；为车辆用户安装车载终端，提供客户服务。

6 关于里程费征收机构与管理模式

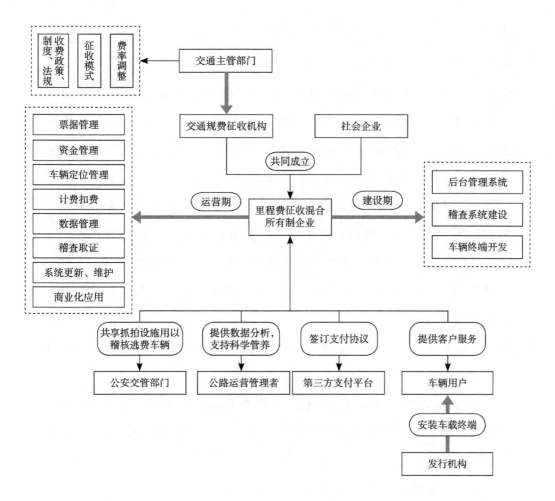

图6-2 模式二主体关系图

● 案例6-1

全国交通一卡通合作模式分析——委托给混合所有制企业承担

北京中交金卡科技有限公司（以下简称"中交金卡"）隶属于交通运输部中国交通通信信息中心，是交通运输部指定的全国交通一卡通互联互通工作支撑单位，在交通运输部的统一领导下，承担国家交通一卡通互联互通清分结算平台的建设及运营工作，提供安全、高效的业务数据交换和清分、结算业务。中交金卡按照交通运输部对交通一卡通信息化建设的要求，不断推进信息技术在公共交通运营管理、政府监管和行业服务等方面的应用，实现跨市域、跨交通方式的交通一卡通互联互通，为大众提供便利的公共交通出行服务，为建设畅通高效、安全绿色的综合交通运输体系做出积极贡献。

合作模式：2016年初，中交金卡的全资控股股东北京中交创新投资发展有限公司（以下简称"中交创投"）首次发布股权转让项目书，通过产权交易所公开转让持有的中交金卡50%股权，挂牌价格为9835万元；2017年5月，全国工商系统显示，中交金卡新增股东北京策众睿诚投资管理有限公司（以下简称"策众睿诚"），其认缴资金为5000万元。伴随着策众睿诚的入股，中交金卡的注册资本达到10000万元，中交创投与策众睿诚各自出资比例为50%。

2018年5月初，浙江蚂蚁小微金融服务集团股份有限公司（以下简称"蚂蚁金服"）和大连福佳投资有限公司分别出资2.5亿元，各获得中交金卡10%股权。

当前，公共交通移动支付发展迅猛，但一城一码、一城一App甚至一城多码、多App的孤岛效应明显，在蚂蚁金服投资中交金卡后，支付宝App作为符合交通运输部交通一卡通二维码标准的乘车码的首发渠道，在交通支付领域的战略选择已十分明显，对整个交通支付行业的未来发展有非常积极的影响。未来在公共交通移动支付的互联互通方面，通过行政力量和引入市场资源的双重推动，效果显然会比单独的行政推动或者市场运营效果要好，见效快，一码通全国的愿景或许将不再遥远。

> **案例6-2**
>
> **全国高速公路ETC数据运营合作模式——事业单位与央企成立合资公司**
>
> 收费公路联网结算管理中心隶属于交通运输部路网监测与应急处置中心,承担跨省电子不停车收费日常清分、结算、信息处理、核查、争议处置等工作;承担全国收费公路联网收费和电子不停车收费数据交换、技术支持和服务、客户服务体系建设指导、新技术研发和产业化推广应用等工作;承担全国收费公路联网收费数据的统计、分析等工作。
>
> 合作模式:行云数聚(北京)科技有限公司(以下简称"行云数聚")是经交通运输部批准,由交通运输部路网监测与应急处置中心、招商局集团二级公司招商局公路网络科技控股股份有限公司合资成立的公司,主要负责建设和运营收费公路通行费增值税电子发票服务平台系统,为全国道路业主、发行方和出行者提供服务。
>
> 行云数聚汇集了交通、互联网、财税等行业的专家,具有丰富的研发、运营、管理、财税、联网收费等方面的知识、经验,具备高水平的技术研发能力,可助推智慧交通产业的发展,能够提供专业的业务咨询和技术解决方案,打造完善的服务体系。
>
> 未来,行云数聚将通过移动客户端产品开发和大数据挖掘,探索涉及移动互联网、大数据、移动支付、数字媒体广告投放、在线金融等相关领域的增值业务,努力将自身打造成为全国领先的大数据综合运营服务商。

6.2.3 模式三:政府以购买服务方式委托社会企业实施

对交通主管部门下属省征稽局进行职能调整,将其作为里程费征收机构,令其承担交通规费行政管理职能,具体的征收系统与产品开发建设、运维、技术服务等事项,通过吸引社会企业合作开展。其主体关系如图6-3所示。

由交通主管部门通过公开招标,择优选取企业承担后台系统建设、路侧设施设备采购安装、稽查设备及系统维护等工作,建设采购费用可从政府预算中支出,也可先由中标企业筹集,政府再将里程费征收收入按合同约定分期支付给企业。金额可按定额、固定比例或服务质量等综合确定。合同期满后可再向社会招标择优选取企业承担。

省征稽局负责里程费征收过程中的票据管理、资金管理、行政执法、监督管理、稽查取证等工作。运营管理公司负责车辆定位、后台管理、计费扣费、客户服务、商业化应用等工作。项目运营过程中需定期向交通主管部门提供所需的数据信息、统计报表等。对于平台的商业化应用拓展部分,需按合同约定

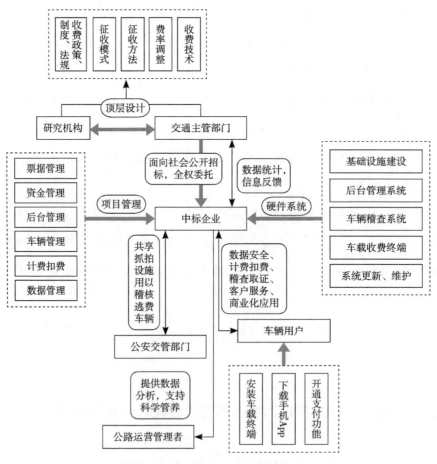

图6-3 模式三主体关系图

有序开展。

管理运营企业与交通管理部门和公安交管部门共享抓拍设施用以稽核逃费车辆；为公路运营管理者提供交通量数据，为科学管养提供依据；为车辆用户安装车载终端，提供客户服务。

● 案例6-3

湖北高速公路多义性路径标识系统合作模式——政府通过购买服务方式面向社会公开招标

湖北省高速公路联网收费中心日常工作任务主要有以下八个方面：一是归集、拆分（清分）和结算高速公路通行费；二是执收并集中汇缴省直国库3项非税收入；三是统一规范、管理联网收费业务；四是升级改造和维护管理以联网收费系统为核心的三大系统；五是推广应用电子不停车收费（ETC）技术；六是受理公众服务热线；七是开展路网日常运行监测；八是提供联网收费数据采集、统计分析及查询服务。

合作模式：湖北高速公路多义性路径系统传统的模式由湖北省高速公路联网收费中心统一设计，各路段自行建设、管理和维护。各路段经营管理单位根据湖北省高速公路联网收费中心的统一设计、规划，建设管辖路段的路径标识点系统，并承担管理与维护工作；CPC卡的所有权和使用权分立，由湖北省高速公路联网收费中心将采购任务分配给各路段经营管理单位，由各单位自行购置。

新的合作模式是由服务提供商统一建设、运营和维护。湖北省高速公路联网收费中心统一组织、规划和设计，第三方投入资金集中进行建设、运营和维护，各路段营运单位按照使用频次或者使用周期支付费用。在该模式下，由省交通运输厅主管单位对系统建设进行统一规划和设计，采用购买服务方式，通过公开招标的方式选择合格的第三方服务机构（服务提供方）对全省多义性路径标识系统及CPC卡的采购、管理和调拨提供统一服务，由服务提供方组建技术服务队伍，对多义性路径标识系统进行建设、运营和维护。该模式通过明确责权、科学有效的收益和成本机制，保证多义性路径标识系统高效运营。

服务提供方职责：①负责路径标识点设备采购、工程建设和管理，同时负责CPC卡的采购管理；②建设多义性路径标识和CPC卡调拨监控管理系统，并负责系统的运行监控、版本更新、维护维修等运营服务工作，保障系统正常运行；③安排专业人员对标识系统进行预防性维护和应急抢修，确保路径标识的准确性和可靠性；④组建专门的CPC卡调拨团队，确保CPC卡满足全省收费管理需要；⑤接受湖北省高速公路联网收费中心和各路段经营管理单位的监督和服务评价。

6.2.4　三种模式对比分析

以上三种模式借鉴了交通行业常用模式经验，本节从征收机构、投资模式、建设管理、成本、效率、安全性、公信力等方面对三种模式进行对比，从中选出适合海南省里程费征收的模式（表6-1）。

合作模式分析　　　　　　　　　　　　　　　表6-1

对比项	模式一	模式二	模式三
承担机构	事业单位	混合所有制企业	事业单位和中标单位
前期投资	政府财政预算	政府和企业共同投资	政府和企业共同投资
车载终端投资	由用户付费或由银行等发行机构承担	同模式一	同模式一
运营机构	事业单位	混合所有制企业	事业单位和中标单位
成本	所有建设运营中涉及的设施设备、人工成本等均由财政部门承担，成本较高	混合所有制企业可通过附加商业化增值服务，抵冲里程费征收管理成本，可减少政府财政支出	需要招标，可能增加成本；部分建设资金可由企业承担

续上表

对比项	模式一	模式二	模式三
效率	政府筹措资金建设项目的压力较大,项目进展效率较低	混合所有制企业融资较灵活,前期建设效率高	需要招标,并与企业谈判;政府和企业各尽所长
服务	事业单位人员绩效与征收服务不挂钩,这会影响征收效率和服务	征收运营中商业化增值服务有赖于里程费的顺利征收,因此有利于提升征收服务水平	征收运营中商业化增值服务有赖于里程费的顺利征收,因此有利于提升征收服务水平
数据安全	政府掌握信息系统,数据安全性较高	企业单独掌握信息系统,数据安全性较低	政府掌握信息系统,数据安全性较高
公信力	政府负责收缴费用,公信力高	企业负责收缴费用,公信力较低	里程费征收机构有政府背景,公信力较高

综上所述,海南里程费征收模式采用模式三是较好的选择。里程费征收模式是公路收费模式的创新变革,项目本身意义重大,牵扯面广,涉及点多,投资额大,对项目实施效率和网络数据安全等都有很高的要求,需要政府与企业各自发挥优势,紧密合作共同推动里程费改革顺利进行。

7 关于自由流收费技术路径选择

7.1 自由流收费技术需求分析

（1）服务于精准收费，对不同车型在不同等级公路按不同费率收取

在海南省实施里程费征收，需要新建自由流收费系统实现对不同车型在不同等级公路按不同费率收取通行费。

> 自由流收费技术的基本要求有如下3点：
>
> 识别成功率高，在车速为0~120km/h的条件下成功率要求≥99.5%，可精确还原车辆在不同等级公路的行驶轨迹；
>
> 可区分不同车型；
>
> 车辆唯一性好，应具备防拆卸功能。

（2）服务于路网管控，为构建数字化的投资决策、运行监测、管养维护等科学决策体系提供数据支撑

以往交通运输行业在投资决策、运行监测、管养维护方面使用的数据都是自身收集、自身使用，数据采集成本高，也得不到充分的挖掘和利用，而且在管理决策方面依赖个人经验，缺乏科学依据，自由流收费技术的应用需要为构建数字化的投资决策、运行监测、管养维护等科学决策体系提供数据支撑。

（3）服务于车路协同，为未来服务自动驾驶车辆车路协同、运行管控等创造优越条件

车路协同、运行管控等应用需要大量实时、"连续"的数据支撑，自由流收费技术的应用需要为车路协同、运行管控等的实现创造优越技术条件。

（4）服务于智慧公路，提升公路网智能化水平

目前，路网信息监测设备主要包括交通流检测器、气象检测器、视频摄像机等传统监测设备，且只覆盖主要通道、易堵路段、重要桥梁、长隧道等重点路段，难以形成实时、准确、统一的全路网运行监测全视图。而自由流收费技术的应用需要提升公路网智能化水平，为未来加快促进公路网、传感网、通信网、运输网的融合，打造万物互联、人机交互、天地一体的交通控制网提供信息技术支撑。

（5）服务于扩展功能，为未来城市车辆拥堵收费、公共停车设施的自动化收费等提供解决方案

随着海南省全域旅游的发展，海南省全路网交通流量迅速增加，城市拥堵情况也频繁出现，自由流收费技术的应用需要为城市中心区道路实施车辆拥堵收费、交通诱导、智能停车收费等交通管控措施提供技术保障。

7.2　国内外经验借鉴

7.2.1　国外自由流收费技术

（1）新加坡

新加坡的ERP（Electronic Road Pricing）系统是一种用于管理道路拥堵的电子道路收费系统。根据"随用随付"的原则，驾车人士在高峰期使用道路时须缴纳费用。不同道路和时间段的ERP费率因当地交通状况而异，鼓励驾车人士改变他们的交通方式、行驶路线或行驶时间。

目前的ERP系统基于DSRC技术，主要由中央控制中心（后台系统）、电子收费闸门（前端系统）和车载单元（用户端）构成（图7-1），不同类型的车辆（如小汽车、出租车、轻型货车、中型货车、公交汽车以及摩托车）安装不同的IU设备，消防车、警车和救护车免费安装，新加坡97%的车辆已安装IU设备。

图7-1 新加坡ERP系统原理示意图

如遇到用户储值卡金额不足或者无车载单元等情况，会通过车牌识别系统获取相关车辆信息，发出催缴通知单并加收管理费（例如，一次金额不足的违规记录加收10新元）。

目前，新加坡在开发基于全球卫星导航系统技术的下一代ERP系统，费用为5.56亿美元。新系统预计将从2023年下半年起逐步实施。为了确保无缝过渡，预留有18个月的时间从目前ERP系统过渡到新系统。政府会承担新加坡注册车辆的IU一次性更换费用。

下一代ERP系统允许通过基于距离的道路定价来更灵活地处理交通拥挤情况，即根据车辆在拥挤道路上行驶的距离向驾驶员收费，这对驾驶员来说更公平，同时还能为用户提供增值服务，如与车辆位置有关的实时交通信息、路边停车电子支付服务、检查站通行费支付服务等。该系统将克服物理机架的限制，这些机架成本高昂，占用土地空间大，现有的龙门架已使用近20年，越来越难以维护。

（2）英国

英国伦敦基于车牌视频识别技术实施拥堵收费，在开始实施拥堵收费之前，通过比选确定采用的收费技术，比选的技术主要有三种：一是纸质通行证技术，即车辆在进入收费区前购买一个纸质通行证，并将其放在风窗玻璃上以备检查人员检查；二是车载电子标签技术，即在车辆上安装车载设备，通过路边的微波射频识别设备对车辆进行检测，由后台管理系统进行车辆信息自动识别和数据库资料比对；三是基于车牌视频识别的收费技术，即通过视频图像识别技术获得收费区域的车牌号。

对于纸质通行证技术，其操作简单，但实施起来工作量较大，且无法实现不停车收费。对于车载电子标签技术，英国当时统一的技术标准尚未出台，且该项技术需要在所有进入收费区的车辆上安装车载设备，安装时间较长。基于车牌视频识别的收费技术可以实现不停车收费，不需要在车辆上安装车载设备。由于当时伦敦市市长希望尽快将拥堵收费推入实施阶段，即需要一项能够快速应用且成熟的收费技术，最终选择了基于车牌视频识别的收费技术。其应用场景如图7-2所示。

图7-2　英国伦敦基于车牌视频识别的收费技术的拥堵收费场景

基于车牌视频识别的收费技术可以实现准确率达90%的车牌记录，这些识别的号码会在夜间由电脑对照收款人名单进行核对，当号码未被识别时，通过人工进行核查。但车牌视频识别设备会因为车辆跟随太近或恰好变道等情况识别不准。

伴随着实际需求和技术的发展，伦敦也在研究包括DSRC技术、GPS技术、

GSM手机定位技术等在内的新收费技术，以支撑更为灵活、精确、人性化的收费标准。基于GPS和GSM手机定位的收费技术，可以实现按距离收费，即按照车辆在收费区域内的实际行驶距离进行收费，伦敦希望借此进一步规范车辆用户在收费区域内的驾驶行为。但基于GPS、GSM手机定位的收费技术引起了公民对隐私权问题的担忧，英国有近200万人次在首相府网站上请愿，称车辆不应整天被跟踪。

（3）澳大利亚

澳大利亚墨尔本绕城公路的多车道自由流收费系统堪称自由流电子收费技术应用的典范，其利用"DSRC技术+车辆识别技术"实现对通行车辆的识别。墨尔本都市连接线公路上共有9个收费点，每个收费点最多由4个独立门架构成，用于安装符合欧洲标准的DSRC系统，还有立体的车辆检测和分型设备，一组车辆识别摄像机和相配套的低影响照明系统。总的来说，整条公路上共有17个收费门架，每个都安装了齐全的设备并能有效地进行收费处理、违章抓拍和车辆分型。该系统应用场景如图7-3所示。

图7-3 澳大利亚基于"DSRC技术+车辆识别技术"的多车道自由流收费系统应用场景

车辆用户既可以申请使用电子标签（e-Tag，固定在车内风窗玻璃上的支付卡），也可以选择使用登记日通行系统，将车牌号码与预先登记付费的记录表相匹配，从而允许临时性车辆在登记日快速通行。

没有安装电子标签的车辆和在登记日通行一览表中没有记录的车辆将被认为是可疑的违章车，其车牌照图像将被记录下来。在确认该车主并没有建立相应的用户账号之后，这些违章记录将被传送给政府有关部门按闯红灯和超速违章处理。

从运营至今，该系统取得了很好的运营效果。截至2008年1月，在一年商业运营中，有超过2亿车次安全运行，收费准确率达99%以上。

目前已有企业利用单龙门架实现自由流收费，如图7-4所示。

图7-4　利用单龙门架实现多车道自由流收费

（4）奥地利

奥地利多车道自由流收费系统选用的车载单元符合CEN TC278标准，可存储车辆信息（车牌号、轴数、预付费金额）等。由于卡车的载质量可能根据轴数的不同发生变化，电子标签在发行时记入车辆的原始轴数，车辆用户在使用过程中可以自己设置实际轴数——声明轴数，收费系统按照声明轴数进行收费，执法系统将实际轴数和声明轴数进行比对，并对声明轴数低于实际轴数的车辆进行处理。

奥地利卡车收费系统的收费站点包括多车道自由流收费系统、特殊路段的收费站和移动式收费系统。多车道自由流收费系统由DSRC读写设备构成，用于与车载单元通信，实现电子收费，其应用场景如图7-5所示。

图7-5　奥地利多车道自由流收费系统应用场景

（5）德国

德国基于卫星定位技术成功实现在全国范围内对重型卡车进行收费，它采用的联网收费系统在欧盟国家中最先进，因为该系统不仅是一个收费系统，更是一个集车辆管理、交通警报与导航于一体的基础服务平台。

在原系统中，德国将收费路段的起点和路中间某点的经纬度坐标存储在车载单元中，车载单元接收GPS信号，并将车辆的GPS实时位置信息与车载单元中存储的高速公路收费进行比对，比对成功就开始记录，该路段就是缴费路段（图7-6）。车载收费终端会按照费率表内的费率和路段长度计算路段内的费用。该系统通行费收取的可靠率达到99.7%，执法辅助技术能将通行费违规率控制在2%以下。该系统具有灵活性和可扩展性，可以添加路段，并且针对不同道路类型可以配成不同的费率，无须部署昂贵的路边基础设施。

随着路网规模的扩大以及收费路线信息调整的频率加快，自2017年10月底起，将车载端计费这种分散收费方式改为由收费中心集中计算。

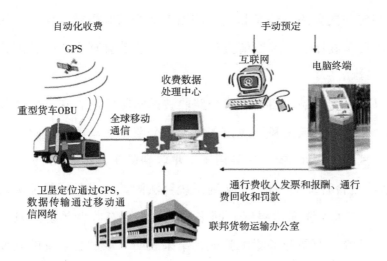

图7-6 德国基于卫星定位技术的自由流收费系统原理图

（6）小结

国外自由流收费模式主要包括三种，第一种基于DSRC技术，新加坡、澳大利亚、奥地利的卡车收费项目等采用了该技术，根据澳大利亚运行一年的统计结果可知，成功率可达99%以上，但其缺点是需要在路侧布设收费设施；第二种基于车牌视频识别技术，英国伦敦采用了该技术，成功率可达90%，虽存在识别不准的情况，但可快速实施；第三种基于卫星定位技术，德国重型卡车收费项目采用了该技术，成功率可达99.7%，使用该技术的收费系统具有灵活性和可扩展性，可以添加路段，并且针对不同道路类型可以配成不同的费率，无须部署昂贵的路边基础设施。

7.2.2 国内自由流收费技术探索

（1）国内卫星定位收费研究

①交通运输部公路科学研究院通过卫星定位实现自由流收费研究现状。

交通运输部公路科学研究院承担了"十一五"国家科技支撑计划"基于卫星定位和无线接入技术的电子不停车收费系统开发"任务中的专题1"基于卫星定位和无线接入技术的组合式不停车收费技术及设备的研究和开发"及专题3

"基于卫星定位的公路不停车收费系统路上运行试验研究工作",研究成果主要有卫星收费车载设备、逃费稽查设备、卫星收费管理中心、新型公路不停车收费系统。

鉴于以上研究成果,结合高速公路收费的实际情况,在京津塘高速公路上搭建了一个基于卫星定位和无线接入技术的公路不停车收费试验系统。该试验系统共征集试验车辆300辆,安装用于卫星收费的车载设备300套、路侧稽查设备6套,搭建后台管理中心1个。从纯系统算法测试、设备可靠性测试、系统整体性测试、DSRC无线通信测试、网络测试、与现有收费系统的兼容性测试、系统整体测试等方面展开了测试验证,结果表明,该试验系统的软硬件运行稳定,达到预期设计的目标。

②中国交通通信信息中心在江西试点北斗自由流收费情况。

2018年,中国交通通信信息中心与江西省高速公路投资集团在九龙湖、南昌西、塔城等三个收费站开展了北斗自由流收费论证试验。测试车辆以50~60km/h的速度从南昌西收费站北斗专用车道进入,从九龙湖收费站北斗专用车道或ETC车道驶出,系统完成自动收费。

两种卫星收费方案没有本质区别,交通运输部公路科学研究院(简称部公路院)和中国交通通信信息中心(简称通信中心)终端皆采用了卫星定位技术和无线接入技术;两种方案收费方式不同,通信中心采用收费中心集中计算方式;部公路院验证了车载端分散收费方式,也可实现中心集中计算。

(2)武汉ETC自由流收费

2010年,针对武汉两江穿城而过造成的过江交通瓶颈,武汉城市ETC自由流收费系统投入使用(图7-7),在市

图7-7 武汉城市ETC自由流收费系统应用场景

内的七桥一隧使用了无栏杆的ETC自由流收费系统，大大缓解了过江交通的压力，开创了国内自由流应用的先河。

安装了电子标签的车辆通过自由流收费站实现不停车收费，路侧设备与车载电子标签建立DSRC通信链路，实现双向认证，生成电子交易记录，记录被上传到收费管理中心后由后台记账扣费。未安装电子标签的车辆通过车辆检测、车牌抓拍与识别生成通行记录，记录被上传到收费管理中心后由后台记账。武汉三环线的混合收费站和出入城服务站方便未安装电子标签的车辆缴清市内过桥费用。

收款机构在桥梁隧道两端和主要出入城路口设立稽查点，也可在武汉市城区对车辆进行稽查，对本市车辆不安装电子标签、通行费欠费未缴、安装挂失或被盗的电子标签等违规行为进行稽查。

武汉城市ETC自由流收费系统上线以来，运行稳定，运转高效，极大改善了武汉市公共交通环境，充分发挥了武汉市过江通道资源的作用。

7.3 海南省自由流收费技术比选

通过调研国内外自由流收费模式，结合国内电子收费发展现状，总结目前可用于海南自由流收费的技术方案主要包括六种：一是基于5.8GHz DSRC技术，二是基于汽车电子标识技术，三是基于车牌图像识别技术，四是基于北斗卫星定位+移动无线接入技术+5.8GHz DSRC及车牌图像识别技术，五是基于北斗卫星定位+5.8GHz DSRC技术，六是基于V2X（LTE-V）技术。

7.3.1 方案一：基于5.8GHz DSRC技术（ETC技术）

基于5.8GHz DSRC技术的自由流收费系统主要由基于5.8GHz通信技术的车辆识别系统、结合车牌图像识别技术的收费稽查系统及后台管理系统组成。在收费路段设置自由流收费点（图7-8），同时在车辆上安装车载设备，绑定支付账户。当车辆通过自由流收费点时，通过5.8GHz路侧天线和车载设备之间的通信，获取车辆信息并传至后台管理系统，后台管理系统根据车辆信息计费，并从用户绑定的支付账户中自动完成扣费。

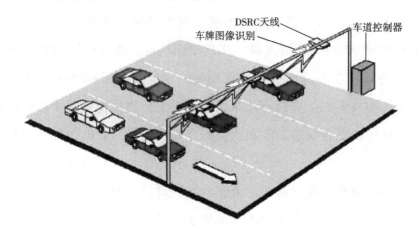

图7-8　基于5.8GHz DSRC技术的自由流收费点示意图

车牌图像识别技术主要应用于收费稽查系统，配合5.8GHz通信系统检查车辆是否安装车载设备以及车载设备状态是否正常，并对未安装车载设备或状态异常的车辆进行拍照记录，然后交由后台管理系统进入稽查流程。

（1）技术特点

车路通信为双向通信，车载设备为有源终端。

通过获取所有经过收费点的车辆的信息，为交通运行态势评估、异常事件判断提供数据支撑，但采集的数据为离散数据，对路网智能化水平提升、运行监测、管养维护、服务自动驾驶等方面的作用有限。

（2）可靠性

基于5.8GHz DSRC技术的自由流收费系统，识别成功率可达到99.5%以上，技术成熟。新加坡、澳大利亚、奥地利等国家，以及我国武汉的七桥一隧、苏鲁川渝四省都基于5.8GHz DSRC技术实现了自由流收费，取消了省界收费站。

（3）便捷性

只需要安装车载终端；目前可实现在线发行，发行、激活都很方便；无须车载取电。

(4) 开放性

截至2018年9月底，我国ETC用户约7068万人，拥有庞大的用户群和良好的用户基础，实现了全国范围内的互联互通。

ETC还是一个开放的技术生态体系。一大批有技术实力的企业持续开展标准研究和技术研发，不断升级产品，不断提高性能，不断推进ETC系统的技术进步。

(5) 安全性

该技术具有完善的安全机制，能够保证应用的安全可靠：鉴于车辆信息与收费金额息息相关，要求车辆信息的存储采用安全访问模块（ESAM），做到无法随意篡改车辆信息。每一次交易均生成交易认证码（TAC），保证每一次交易的真实性和抗抵赖性。

该技术还具备防拆卸功能。

(6) 经济性

主要对比各技术方案建设和维护成本。按高速公路和普通国省干线公路均布设收费设施进行成本分析。

本方案采用开放式收费制式，车辆行驶一段路就缴纳一段路的通行费，高速公路每个互通立交或出入口之间均设立自由流收费路侧计费设施，实行分段计费和扣费。

①高速公路。

布设原则：将相邻的两个互通立交或出入口之间的无分叉路段称为基本段。为实现里程费的准确计量，避免歧义路段干扰，应在每个高速公路基本段上布设路侧设备，用于识别、读取车辆身份信息，从而有效监控车辆轨迹。

按照海南省现高速公路网规模和布局，根据统计，共有四方向高速互通5个，三方向高速互通4个，与国省道等其他道路间互通79个，高速公路起始点

10个。根据"图论"中边与顶点关系公式(其中D为顶点的度):

$$e=\frac{1}{2}\sum_{i=1}^{n}D(v_i)$$

得到整个高速公路网基本段数量为:(5×4+4×3+79×2+10×1)/2=100(个)。在每个基本段上下行方向各布设一处路侧设备,共计200处。

②普通国省干线公路。

由于普通国省干线公路与农村公路交织,岔路口密集,道路基本段数量难以统计,且很多路段距离过短,无法比照高速公路进行路侧设备的布设。本方案每10公里布设一处路侧计费设备,路面为双向4车道,则共计布设路侧设备188处。

该方案的成本分析具体情况如表7-1所示。

方案一:基于5.8GHz DSRC技术的投资概算　　　表7-1

序号	名目	单价/万元	数量/个	小计/万元	备注
一	建设成本			55000	
1	路侧设备建设成本			35800	
1.1	高速公路路侧设备建设成本			17000	
1.1.1	龙门架(含基础)及辅材	15	200	3000	海南省高速公路多为双向6车道(含应急车道),高速公路建设200个收费点
1.1.2	DSRC天线及控制器	30	200	6000	
1.1.3	摄像头	10	200	2000	
1.1.4	建设施工	10	200	2000	
1.1.5	供配电、传输等	20	200	4000	
1.2	普通国省干线公路路侧设备建设成本			18800	
1.2.1	龙门架(含基础)及辅材	12	188	2256	
1.2.2	DSRC天线及控制器	20	188	3760	
1.2.3	摄像头	8	188	1504	
1.2.4	建设施工	10	188	1880	
1.2.5	供配电、传输等	50	188	9400	
2	终端设备成本			12700	

续上表

序号	名目	单价/万元	数量/个	小计/万元	备注
2.1	OBU	0.01	1270000	12700	
3	移动稽查系统建设成本			1500	
3.1	移动稽查车及改造	50	20	1000	
3.2	单兵装备	5	100	500	
4	后台管理系统建设成本			5000	
4.1	后台管理系统建设成本（含用户客户端开发成本）			5000	
二	运维成本			10000	
1	运维成本（含人工费和管理费）			10000	

7.3.2　方案二：基于汽车电子标识技术（RFID技术）

基于汽车电子标识技术的自由流收费系统，主要包括汽车电子标识识别系统、收费稽查系统及后台管理系统，其实现方式与基于5.8GHz DSRC技术的自由流收费系统实现方式类似。

收费稽查系统采用车牌图像识别技术。

（1）技术特点

在车辆行驶状态下只支持单向识读功能，电子标签为无源终端。

在车速≤150km/h时，可以识读芯片标识符区（64位）和机动车登记信息区（256位）的信息；车速为150~200km/h时，可以识读芯片标识符区（64位）的信息。工作频率为920~925MHz。

通过获取所有经过收费点的车辆的信息，为交通运行态势评估、异常事件判断提供数据支撑，但采集的数据为离散数据，对路网智能化水平提升、运行监测、管养维护、服务自动驾驶等方面的作用有限。

（2）可靠性

自然因素（沙尘、雾霾、雨雾天、光线等）对RFID电子标签基本没有影响。但在高速公路环境下，多交通主体对RFID电子标签影响较大，尤其是车辆之间的间距较小时，相邻车辆中后车的RFID电子标签将被遮挡，很难识别，这种情况在车路协同编队行驶中会出现。

RFID电子标签采用定向天线，受到方向和角度的限制，在非标准车道环境下，其应用有一定的限制。

汽车电子标识读取成功率远低于自由流收费的指标要求。

（3）便捷性

车载终端安装便利，不需要外置电源，但是安装需要割取车辆前风窗部分矩形窗口，一般车主很难接受。

（4）开放性

一方面，汽车电子标识技术目前没有得到公安部的认可和推广，在全国没有城市级应用案例。另一方面，汽车电子标识技术是一个封闭的技术生态体系。芯片和读写器都是封闭体系，指定2~3家企业进行内部设计，技术不公开，没有一个开放的技术生态圈，很难获得社会力量以推动技术进步和应用。

（5）安全性

由于RFID电子标签是无源电子标签，所以只能进行简单的安全防护，采用SM7逻辑加密卡机制，安全级别低。

该技术有防拆卸功能。

（6）经济性

因该方案不能满足收费最基本的可靠性要求，本研究不进行方案建设成本估算。

7.3.3 方案三：基于车牌图像识别技术

基于车牌图像识别技术的自由流收费系统，主要依靠路侧摄像机对车牌进行识别，获取车辆信息并传至后台管理系统，后台管理系统根据车辆信息计费，并从用户绑定的支付账户中自动完成扣费。

（1）技术特点

无须安装额外的车载设备，识别已有车牌即可获取车辆信息，但视频识别系统的传输、存储、分析成本高。

通过获取所有经过收费点的车辆的信息，为交通运行态势评估、异常事件判断提供数据支撑，但采集的数据为离散数据，对路网智能化水平提升、运行监测、管养维护、服务自动驾驶等方面的作用有限。

（2）可靠性

大雾、夜间、大雨等环境下识别率差，无法识别污损牌、套牌、无牌车辆信息。整体识别率为75%~90%。

（3）便捷性

通过摄像机识别车牌信息，不需要在车上安装额外车载设备。

（4）开放性

技术生态开放，但基本被杭州海康威视数字技术股份有限公司、浙江大华技术股份有限公司等企业垄断。

（5）安全性

该系统采用单向数据传输方式，无法甄别套牌车辆信息，数据可靠性、安全性差。

（6）经济性

虽然车辆无须额外安装车载终端，建设成本不高，但是维护成本高，摄像机镜头脏污影响识别成功率，需定期清洁；拍照触发时一般需配合地感，需封路施工，损坏率高；车牌识别工控机故障率高，夜间灯光反光、阴影易导致抓拍错位，系统调校、优化难度大。

因该方案不能满足收费最基本的可靠性要求，本研究不进行建设成本估算。

7.3.4 方案四：基于北斗卫星定位+移动无线接入技术+5.8GHz DSRC及车牌图像识别技术

基于北斗卫星定位+移动无线接入技术+5.8GHz DSRC及车牌图像识别技术的新一代收费系统，主要由智能车载收费终端、后台管理系统、稽查系统、卫星+高精度定位基站、用户客户端构成（图7-9）。

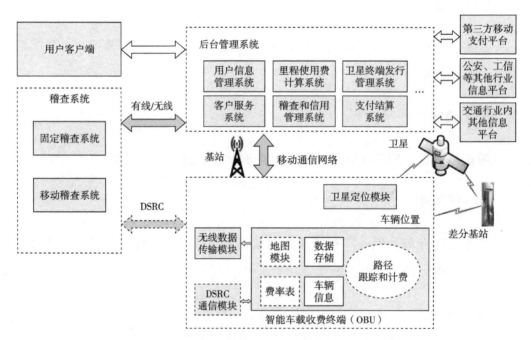

图7-9　北斗卫星定位+移动无线接入技术+5.8GHz DSRC及车牌图像识别技术收费系统架构图

车辆需安装收费终端，绑定后台支付账户，后台管理系统记录用户安装信息。收费终端通过北斗卫星定位系统确定车辆在收费公路行驶的位置、里程，经移动通信网络传至后台管理系统，也可采用收费终端计费模式，即根据收费终端存储费率表、高速公路地图信息、北斗卫星定位模块获取的车辆位置自主完成通行费计算，将计算结果传至后台管理系统；后台管理系统根据车辆信息计算通行费，并从用户绑定的支付账户中自动完成扣费。

5.8GHz DSRC和车牌图像识别技术实现稽查、取证功能。

（1）技术特点

①北斗卫星定位技术。

北斗卫星导航系统是中国自主建设、独立运行的卫星导航系统，也是为全球用户提供全天候、高精度的定位、导航和授时服务的国家重要空间基础设施。

②双向数据传输，实时轨迹在线。

北斗车载终端除了包含定位单元之外，还包含移动通信单元。数据双向传输，基本上可以保证实时轨迹在线，完整地描述"连续"位置信息。

③定位精度高。

北斗地基增强系统拥有广域、实时的米级、分米级、厘米级和后处理毫米级定位能力。

④响应国家的战略发展规划。

"十二五"至"十三五"时期，国家相继印发《国家卫星导航产业中长期发展规划》《"十三五"现代综合交通运输体系发展规划》《中共中央　国务院　中央军委关于经济建设和国防建设融合发展的意见》等重要文件，大力推动北斗系统应用，并将交通运输行业作为北斗系统应用的重要领域，对北斗系统行业应用工作提出新的要求。2017年11月，交通运输部与中央军委装备发展部印发了《北斗卫星导航系统交通运输行业应用专项规划（公开版）》，对落实国家安全战略，进一步推动北斗卫星导航系统在交通运输行业的应用，充分发挥北斗卫星导航系统在提高行业管理和服务水平方面的作用，发展北斗卫星收费技术具有重要意义。

⑤全面提升公路网智能化水平。

获取所有车辆"连续"位置信息,对路网信息获取、运行监测、管养维护、服务自动驾驶等方面的支撑作用较明显。

⑥更适用于里程收费模式。

北斗卫星收费技术是通过高精定位的测距方式,根据车辆行驶的路径里程进行收费,费率调整更灵活,方便路网管理部门建立更合理、更科学的行车收费制度,为路网里程收费提供科学合理的精确路径通行费计算方法和依据。

⑦符合海南未来发展方向。

海南未来将大力推广电动汽车,而电动汽车的一个显著的特点是具备无线网络和定位模块,目前电动汽车的行驶位置信息是被上传到车厂的,故可以与车厂合作获取车辆的位置信息。

（2）可靠性

北斗高精技术依赖于天上（北斗卫）星、地面（地基增强）网和地上（通信铁）塔,几乎不受自然因素影响,也不受多交通主体影响,系统可靠性高。

（3）便捷性

由于需要实时上传车辆位置信息,车载终端耗电量较大,需要车载取电,对于海南127万辆存量车及进入海南旅游的车辆,后装车载终端并进行车载取电的难度较大。

（4）开放性

开放性体现在互联互通和技术生态开放两个方面。其一,北斗应用在国家平台上,技术和应用互联互通。其二,北斗是一个开放的技术生态体系,从军方到民间,一大批有技术实力的企业持续开展标准研究和技术研发,不断升级产品,不断提高性能,不断推进北斗系统的技术进步。

（5）安全性

数据安全：北斗车载终端支持双向数据传输，可靠性高，支持以密码为基础的安全交互机制。但外接电源容易被拔掉，造成车载终端无法工作，进而影响计费功能的实现。

（6）经济性

对该方案进行成本分析的基础数据同前文所述，具体情况详见表7-2。

①高速公路。

布点设置同方案一。

②普通国省干线公路。

每50公里布设一处路侧稽查设备，路面为双向4车道，则共计布设路侧稽查设备38处。

方案四：基于北斗卫星定位+移动无线接入技术+5.8GHz DSRC 及车牌图像识别技术的投资概算　　　表7-2

序号	名目	单价/万元	数量/个	小计/万元	备注
一	建设成本			66400	
1	路侧设备建设成本			20800	
1.1	高速公路路侧设备建设成本			17000	
1.1.1	龙门架（含基础）及辅材	15	200	3000	海南省高速公路多为双向6车道（含应急车道），高速公路建设200个收费点
1.1.2	DSRC天线及控制器	30	200	6000	
1.1.3	摄像头	10	200	2000	
1.1.4	建设施工	10	200	2000	
1.1.5	供配电、传输等	20	200	4000	
1.2	普通国省干线公路路侧设备建设成本			3800	充分利用公安部门的数据进行稽查
1.2.1	龙门架（含基础）及辅材	12	38	456	

续上表

序号	名目	单价/万元	数量/个	小计/万元	备注
1.2.2	DSRC天线及控制器	20	38	760	
1.2.3	摄像头	8	38	304	
1.2.4	建设施工	10	38	380	
1.2.5	供配电、传输等	50	38	1900	
2	终端设备成本			38100	
2.1	OBU	0.03	1270000	38100	
3	移动稽查系统建设成本			2500	
3.1	移动稽查车及其改造	50	40	2000	固定稽查少，增加移动稽查
3.2	单兵装备	5	100	500	
4	后台管理系统建设成本			5000	
4.1	后台管理系统建设成本（含用户客户端开发成本）			5000	
二	运维成本			10080	
1	运维成本			5000	
2	终端网络及高精度定位服务费用			5080	

7.3.5 方案五：基于北斗卫星定位+5.8GHz DSRC技术

为了解决北斗卫星定位+移动无线接入技术终端车载取电以及对运营商无线网络的依赖等问题，提出北斗卫星定位与ETC技术相结合。

将北斗卫星定位与ETC技术相结合，利用北斗卫星定位技术进行路径的识别，利用ETC技术进行定位标识数据的回传与收费。在高速公路出入口及沿途部署ETC设备，用于通知车载终端进行定位数据打点的开始与结束：当车辆行驶至高速公路入口时，启动定位芯片的周期打点，打点数据保存在车载终端的高速公路数据区；当车辆经过有ETC设备的路段时，通过ETC设备上传已经打点的数据；当车辆到达高速公路出口时，上传剩余的定位数据并停止打点，计费系统根据上传的定位打点数据还原车辆行驶的距离与路径，并按照高速公路的费率完成收费。

布设方式：仅在高速公路的出入口布设；其他等级公路布设原则需要进一

步评估。

（1）技术特点

融合了北斗卫星定位与ETC技术。方案五与方案四的区别如下。

①定位数据回传方式不同。

方案四利用移动通信网络（2G/3G/4G）将车辆定位数据上传至后台管理系统；方案五利用ETC技术上传车辆定位数据。

②供电方式不同。

方案四由于"实时"上传车辆位置信息，并且移动通信模块耗电量大，需采用车载供电；方案五采用周期性打点，通过ETC技术上传定位数据，并且海南光照充足，可利用电池+太阳能供电。

对智慧交通的支撑作用：通过ETC路侧设备获取车辆周期性定位信息，为交通运行态势评估、异常事件判断提供数据支撑，相比方案一、方案二和方案三，方案五采集数据的密度更大，支持效果更好。

（2）可靠性

北斗卫星定位与ETC技术都较成熟，此方案是两种技术的融合，尚未有工程应用此方案，厂商已研发出产品，需进一步测试验证。

（3）便捷性

车载终端采用电池供电，安装方便。

（4）开放性

北斗与ETC领域开放性都较好。

（5）安全性

数据安全：北斗车载终端支持双向数据传输，可靠性高，支持以密码为基础的安全交互机制。

北斗卫星定位+5.8GHz DSRC技术有防拆卸功能，车辆唯一性好。

(6) 经济性

①高速公路。

布设原则：在高速公路的出入口布设路侧设备，共布设89×2=178处。

②普通国省干线公路。

暂定每30公里布设一处路侧计费兼稽查设备，路面为双向4车道，则共计布设路侧设备63处。

该方案的成本分析具体情况详见表7-3。

方案五：基于北斗卫星定位+5.8GHz DSRC技术的投资概算　　表7-3

序号	名目	单价/万元	数量/个	小计/万元	备注
一	建设成本			53300	
1	路侧设备建设成本			21430	
1.1	高速公路路侧设备建设成本			15130	
1.1.1	龙门架（含基础）及辅材	15	178	2670	海南省高速公路多为双向6车道（含应急车道），高速公路建设200个收费点
1.1.2	DSRC天线及控制器	30	178	5340	
1.1.3	摄像头	10	178	1780	
1.1.4	建设施工	10	178	1780	
1.1.5	供配电、传输等	20	178	3560	
1.2	普通国省干线公路路侧设备建设成本			6300	
1.2.1	龙门架（含基础）及辅材	12	63	756	
1.2.2	DSRC天线及控制器	20	63	1260	
1.2.3	摄像头	8	63	504	
1.2.4	建设施工	10	63	630	
1.2.5	供配电、传输等	50	63	3150	
2	终端设备成本			25400	
2.1	OBU	0.02	1270000	25400	
3	移动稽查系统建设成本			1500	

续上表

序号	名目	单价/万元	数量/个	小计/万元	备注
3.1	移动稽查车及改造	50	20	1000	
3.2	单兵装备	5	100	500	
4	后台管理系统建设成本			5000	
4.1	后台管理系统建设成本用户（含客户端开发成本）			5000	
二	运维成本			6524	
1	运维成本			5000	
2	高精度位置服务费			1524	

方案一、四、五投资概算对比情况如表7-4所示。

方案一、四、五投资概算对比　　　　　　　　　　表7-4

序号	名目		方案一	方案四	方案五
一	建设成本		55000	66400	53300
1.1	路侧设备建设成本	高速公路	17000	17000	15130
		普通国省干线公路	18800	3800	6300
1.2	终端设备成本		12700	38100	25400
1.3	移动稽查系统建设成本		1500	2500	1500
1.4	后台管理系统建设成本		5000	5000	5000
二	运维成本		10000	10080	6524

7.3.6 方案六：基于V2X（LTE-V）技术

基于V2X（LTE-V）技术的自由流收费系统主要由基于LTE-V通信技术的车辆识别系统、结合车牌图像识别技术的收费稽查系统及后台管理系统组成。在收费路段设置自由流收费点，同时在车辆上安装车载设备，绑定支付账户。当车辆通过自由流收费点时，通过LTE-V路侧天线和车载设备之间的通信，获取车辆信息并传至后台管理系统，后台管理系统根据车辆信息计费，并从用户绑定的支付账户中自动完成扣费。其收费示意如图7-10所示。

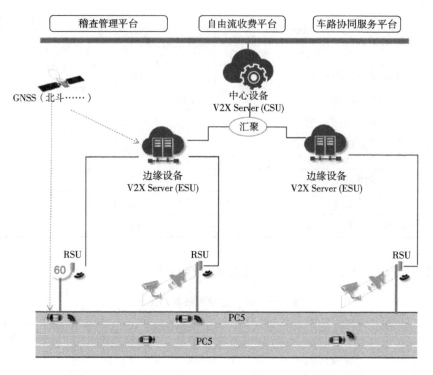

图7-10 基于V2X（LTE-V）技术的自由流收费示意图

车牌图像识别技术主要应用于收费稽查系统，配合LTE-V通信系统检查车辆是否安装车载设备以及车载设备状态是否正常，对未安装车载设备或状态异常的车辆进行拍照记录，并交由后台管理系统进入稽查流程。

（1）技术特点

具备LTE-V通信功能的车载OBU终端，集成卫星定位功能，可与路侧RSU实现车路间双向通信，所有信息可通过路侧RSU上传至自由流收费平台，免去车辆运营商通信费用。

通过获取所有经过RSU基站的车辆的信息及上传的车辆定位轨迹信息，实现里程计费，解决车辆通信问题和车辆隐私问题。同时可提供车路协同服务，有效缓解交通拥堵，减少交通事故，也可为交通运行态势评估、异常事件判断提供数据支撑，且对路网智能化水平提升、运行监测、管养维护、服务自动驾驶等方面的支撑作用明显。

（2）可靠性

基于V2X（LTE-V）技术实现自由流收费，由于采用卫星和RSU基站双定位方式，途经不同RSU天线可多次重复上报位置和轨迹，识别成功率可达到99.9%以上，但目前处于初期应用阶段，尚未形成规模化商用。

（3）便捷性

车载终端需要车载取电，对于海南127万辆存量车以及进入海南旅游的车辆，后装车载终端并进行车载取电的难度较大。

（4）开放性

基于LTE-V的车路通信技术采用3GPP国际标准，国内知识产权占比超过30%，而且该技术方案是工信部推荐的V2X技术方案，相关部门已发布相关指导意见和开展相关标准制定工作。华为、大唐、高通等芯片厂商已基本实现互联互通，技术生态开放。

（5）安全性

车载终端可采用软加密或硬加密方式，具备国产密码算法计算能力，可通过采用PKI框架管理密钥和证书建立一个通信安全的网络环境，满足系统安全性要求。

（6）经济性

产品方案当前处于初期应用阶段，由于没有形成规模化商用，一台RSU基站约20万元，一部基于LTE-V的OBU+北斗卫星定位系统成本超过1万元，短期不能满足经济性要求，待规模化生产后成本可进一步降低。

7.3.7 综合对比分析

六个方案综合对比分析情况如表7-5所示。

表7-5 六个方案综合对比分析

对比项	方案一 DSRC	方案二 电子标识	方案三 图像识别	方案四 北斗卫星定位+无线接入技术	方案五 北斗卫星定位+ETC	方案六 LTE-V
技术特点	双向通信，有源车载终端	行驶状态下只支持单向识读，无源车载终端	无须安装车载终端，利用已有车牌	车载终端需车载取电，利用移动通信网络连续上报车辆位置信息	有源车载终端，电池供电，通信网络，自建周期性采集位置数据	车载终端需车载取电，双向通信，内置北斗高精定位模块，可自建通信网络或利用运营商网络
可靠性	较好，采集的数据为离散数据，对智慧交通发展的支撑作用有限	一般，采集的数据为离散数据，对智慧交通发展的支撑作用有限	一般，采集的数据为离散数据，对智慧交通发展的支撑作用有限	好，国家推动北斗系统应用；实时车路行驶轨迹，对智慧交通发展的支撑作用明显；符合海南未来电动汽车发展趋势	较好，离散数据，对智慧交通发展的支撑作用明显	好，国家推动北斗系统应用；实时车路系统实时方式；主要连续行驶轨迹，对智慧交通发展的支撑作用明显
便捷性	高，识别成功率可达到99.5%以上	较高，识别成功率很难达到99.5%	一般，整体识别率为75%~90%	高，国内收费公路领域应用	在高速公路识别成功率高，但在普通国省干线公路识别成功率受定位信号采集周期和DSRC布设密度影响较大	高，当前产品方案处于初期应用阶段，尚未形成规模化商用
开放性	较好，需安装车载终端，安装方便	较好，需安装终端，需割取车辆整个前风窗的矩形窗口部分	好，无须安装车载终端	一般，需车载取电	较好，车载终端，安装方便，但定位与电池性能需要进一步评估采集周期与电池性能的关系	一般，车载终端需车载取电
经济性	好，实现全国范围内的互联互通；技术生态体系开放	一般，封闭的技术生态体系	较好，但已被较大公司垄断	好	好	好，华为、大唐、高通等芯片厂商已基本实现互联互通，技术生态开放
扩区域移动性（与内陆29省区市的互联互通性）	一般	一般	一般	较好	较好	因尚未形成规模化商用，目前成本不超过1万元，终端成本约20万元。RSU基站成本较高
	好	一般	一般	较好	较好	一般

综上所述，从技术特点、可靠性、开放性、经济性等各方面综合考虑，在海南省采用方案四北斗卫星定位+移动无线接入技术+5.8GHz DSRC及车牌图像识别技术实现自由流收费是较好的选择。但方案四尚未在国内收费公路领域实现大规模工程应用，尚需做好方案四的测试验证工作。

8 里程费改革的社会影响和风险分析

8.1 社会影响分析

（1）付费公平、透明，心里更敞亮

里程费改革既保留了海南现行收费模式下"一脚油门踩到底"的效率优势，又通过先进的信息技术实现对用路者负担的精确计量，从而实现了"谁使用、谁受益、谁负担""用多少付多少""不使用不付费"，对促进社会公平具有重要意义。里程费改革后，老百姓交的每一分钱都可以与车辆行驶的具体道路轨迹相对应，钱交得清楚、敞亮，公众幸福感增强了。

对于汽油车，原有征收方式按汽油消耗量征收，使得主要在城市道路上行驶的私家车与主要在高速公路上行驶的汽油车之间形成"差别化使用、均等化负担"。改革后收费完全根据实际行驶公路里程计算，城市道路不计费，对老百姓来说公平性大大增强了。对于柴油车，由于不能准确区分车用柴油与其他柴油的消耗量，原来只能按定额征收等额的通行附加费，现在也可根据实际行驶里程征收，费用负担更加公平。对于新能源车辆，虽然现在尚未对其征收通行附加费，但随着海南省逐步禁止销售燃油汽车，新能源车辆将逐渐取代燃油车成为主流，必须考虑对新能源车征收通行附加费以满足公路的养护和建设需求，按照实际行驶公路里程征收，在公平性和透明性方面都显著优于按电能消耗量征收或按定额征收。

（2）整体成本只减不增，吃下定心丸

里程费改革中，制定收费费率最重要的原则是保证人民群众出行总成本只减不增。具体来说，首先，改革初年全省里程费收入不高于改革前车辆通行附加费预期收入，这就保障了全社会出行总成本的下降，体现了改革创新、降费利民的总原则。其次，按照费率方案，改革初年汽柴油车辆用户里程费平均负担不高于同年车辆附加通行费平均负担，体现了降低交通运输物流成本、支持实体经济发展的原则。再者，高速公路里程费基础费率不高于全国内陆省区市高速公路平均基础费率，体现了突出海南改革优势、增强人民群众幸福感的原则。最后，清洁能源汽车费率不高于同类车型燃油汽车费率，体现了鼓励清洁能源发展、建设国家生态文明试验区的原则。

（3）管理精细化，行路更通畅

在海南现行收费模式下，由于无法通过收费甄别交通需求，交通量普遍较低的情况有利于路网整体效益的发挥，但随着海南国际旅游岛和自由贸易港的建设发展，交通需求迅速增加，高速公路拥堵情况频繁出现，若无法通过经济杠杆调节流量，则路网整体效益的发挥将受制约，交通拥堵可能成为人民群众日常生活的痛点和制约海南旅游业发展的瓶颈。

里程费改革后，海南全路网交通量可以实现实时精确感知，路网管理精细化程度将达到全新水平。还可以根据路网情况跟踪分析的结果，设置精细化、差异化的收费费率方案，根据公路等级、区域、路段、时间、季节等的不同实现差异化收费，精细引导交通量的合理分布，使高速公路能够持续提供高品质、高效率、高层次的服务，而级差效益较低的普通公路提供基本的出行服务。

里程费改革还有利于制定精准定向的通行费优惠政策，发挥经济杠杆的引导作用，服务灵活多样的政策目标。如为促进集约化绿色出行，可对9座以上客运车辆优惠；为促进物流业降本增效，可对特定货车优惠；为促进节能减排，可对低排放标准车辆优惠；为促进城镇发展、港口发展、景区发展、贫困地区脱贫等，可对进出这些地区的特定车辆优惠等。

（4）自由行美景，科技大发展

首先，里程费实施的技术手段是基于卫星定位的自由流收费系统，不仅没有任何收费站，还不需要像内陆省区市一样安装ETC收费所需要的大量龙门架等设施，对海南国际旅游岛的景观优势实现了最大的保护。人民群众自由畅行在海南公路上，享受着先进收费技术带来的便利，欣赏着美丽的自然景观，幸福感大大提升了。

其次，推动里程费改革，有利于推动相关技术在自由流收费应用上的具体落地，而这些技术一旦在全路网布局完成，不仅将在收费中大显身手，更将全面赋能整个海南公路网系统，全面提升公路网智能化水平，为未来加快促进公路网、传感网、通信网、运输网的融合，打造万物互联、人机交互、天地一体的交通控制网，构建数字化的投资决策、运行监测、管养维护等科学决策体系，实现自动驾驶车辆车路协同、运行管控等奠定优越的技术基础。

最后，里程费方案能够一并为城市拥堵收费、公共停车设施的自动化收费提供最终解决方案，从长远来看，可以将城市道路行驶收费、城市公共停车设施收费整合进公路里程费收费系统，有利于城市停车收费的规范化、透明化，扩大公路里程费的覆盖范围，实现真正意义上的全域路网智能化收费。

（5）筹资来源多，未来路更好

根据《指导意见》，为全力支撑海南省自由贸易试验区发展，需要构建功能更加完善、布局更加合理、智慧高效、绿色美丽的公路网系统。

目前，海南省公路建设资金主要来源于各级财政资金，中央车购税、车辆通行附加费、政府债券及一般财政预算仅能满足约50%的资金需求。未来，根据《指导意见》中关于加快生态文明建设的要求，海南省将加快推广新能源汽车和节能环保汽车，在海南逐步禁止销售燃油汽车，这必将使现行通行附加费的征收基础不断缩小，未来海南交通高质量发展将面临越来越大的资金缺口。

里程费改革，一方面将税基从能源消耗量转为道路使用量，可避免运载工具本身的技术发展对公路建设融资的影响，在大力推进绿色交通发展、支撑国家生态文明试验区建设的同时，构建了持续、稳定的公路发展融资渠道，为促进海南公路事业高质量、可持续发展提供了资金保障。

另一方面，在国家新的财税改革形势下，公路建设发展除政府投资外，还鼓励社会资本参与交通运输基础设施的投资建设和运营养护。海南省现行收费模式难以利用PPP模式吸引社会资本，而里程费可以帮助区分公路项目的归属收益，有利于PPP和资产证券化等模式在公路交通领域的应用，也符合《指导意见》中"创新投融资方式，规范运用政府和社会资本合作（PPP）模式，引导社会资本参与基础设施和民生事业"的要求。

8.2 社会风险分析

进行里程费改革是收费领域的重大创新，同时也是对收费系统的一次重大挑战。为确保里程费改革顺利推进，需要加强风险防控。综合收费政策、运营管理现状，提出以下风险点及应对措施。

（1）技术可靠性风险

海南里程费改革采用北斗+无线接入技术实现自由流收费，该技术已在国内部分高速公路得到测试验证，但收费公路领域尚无大规模工程应用实践，国际上更没有采用北斗技术的收费系统。内陆省区市普遍采用ETC收费技术，自20世纪90年代初起经历了30多年行业推动、科研攻关、试点示范与政策引导，建立了全国收费系统架构、清分结算、质量保证、密钥、网络安全、客服等成套ETC技术体系标准和解决方案。虽然ETC技术体系已经十分成熟，但是2020年初全国取消省界收费站，收费技术由封闭式改为基于门架的开放式，导致撤站初期出现了短期不稳定现象，造成一定程度的不良社会影响。由此可见，确保新收费技术在大规模应用场景下的安全性、稳定性和可靠性，存在一定风险。

评估认为：针对上述收费技术存在的不确定性风险，一是要采取全社会公开遴选的方式，选取真正有收费系统开发经验、有技术实力、有整合能力的科技企业高起点参与海南里程费收费管理系统的开发和建设，避免走弯路；二是严抓技术测试验证工作，包括车载终端、后台系统、路侧设施、稽查系统等，同时开展相关技术标准的制定、车载终端技术产品的测试认定等工作；三是统筹做好收费系统施工、运营、维护、管理、发行、客服、信用、稽查等方面的管理制度体系建设;四是加强收费系统运维管理及试运行,至少用半年到一年的时间进行模拟运行,充分进行系统磨合、管理磨合、公众认知磨合等。

(2)税费改革风险

若海南省里程费改革以里程费替代车辆通行附加费和燃油税,则不仅涉及国家税费改革,还突破了《收费公路管理条例》对收费公路范围的限定。该项改革需获得中央相关部门的理解和支持,存在一定风险。

评估认为:一是海南里程费改革若仅以里程费替代车辆通行附加费,则将受制于《收费公路管理条例》对收费公路等级的限制规定,收费范围将被限定在高速公路与一级公路范围内[《收费公路管理条例》(修订草案征求意见稿)将规定只允许针对高速公路收费],这样不但又回到了全国内陆省区市的收费模式,仅实现了收费技术创新,失去了制度集成创新的意义,而且由于海南省高速公路规模较小,通行费收入将大大减少,改革反而得不偿失;二是海南省里程费改革以里程费替代燃油税,为将普通公路纳入里程费征收范围提供了保障。因此,尽管里程费改革涉及国家税费事权,但通过与国家相关部委积极沟通,争取获得中央部门对海南省里程费改革的认同和支持,可以在《指导意见》的框架下,获得授权,同时用足、用好经济特区立法权推进里程费改革进程。

(3)强制安装法律风险

征收里程费,需要强制车辆用户安装里程费车载装置,这就涉及是否侵犯公民自由权和财产权问题。

评估认为:当政府所维护的公共利益与个人权益产生冲突时,一般依据比例原则判断政府行为是否具有正当性,这里,强制安装里程费车载装置符合比例原则,具有正当性。一是符合目的正当性。里程费属于政府性基金,其征收遵循"用路者付费"原则,目的是满足公路建设、养护和运营等方面的资金需求,其通过差异化费率调节交通流量,提高道路通行效率,并减少外部负效应,保护海南生态环境。二是符合手段的适当性。强制安装里程费车载装置比其他征收方式更恰当、损害更小。在强制安装的同时提供定期、定额收费的可选择模式，允许机动车车主选择不安装而定额缴纳里程费，这虽然能减少对公民权利的损害，但将增加巨大的行政成本，也不利于提高路网整体效率，同时也构成对安装里程费车载装置的车主公平性的损害。因此，当其他替代选择的措施不能够满足里程费征收的目的时，强制安装里程费车载装置的行为就是必要、适当的。另外，从强制征收带来的影响看，安装里程费车载装置更有利于海南交通事业的发展，有利于保障公众的出行利益，也符合均衡性原则。需注意的是，强制安装应尽可能保护公民自由权和财产权。为避免强制安装里程费车载装置对公民自由权和财产权的侵害，里程费车载装置应免费安装，不收取车主任何费用，不指定特定厂商或品牌的装置，允许车主从满足相关技术条件要求的装置中自主选择。

（4）恶意逃费风险

逃费与收费永远是伴生关系。北斗技术支持下的收费系统可能存在逃费情况的原因主要有三方面：一是北斗卫星传输的定位信息是单向、开放的，容易受到屏蔽、伪基站等恶意干扰，导致定位数据被篡改；二是需要对海南存量汽车后装车载计费设备，由于设备需要车载取电，不能从技术上有效避免用户拔掉电源，所以很难做到防拆卸；三是自由流收费方式由于不设抬杆，因此无法及时制止计费信息有误的车辆，部分车主探寻各种干扰、屏蔽技术，以逃缴里程费。

评估认为：打击偷逃费行为，需要法律威慑、技术稽查、诚信建设、多用途应用等多管齐下。一是在相关法律法规中设定严厉惩罚措施，对违法、违规行为产生威慑作用；二是通过技术稽查手段处置违法、违规行为，在道路两侧布设适量的稽查设备，包括视频抓拍设备、车牌识别设备等，通过大数据分析技术，比对稽查信息和定位信息的一致性，加强稽查执法，对恶意干扰、屏蔽、逃缴等违法、违规行为进行处罚；三是将缴纳里程费纳入诚信建设体系，将做出私自拆卸车载终端、转接其他机动车使用、人为干扰北斗导航定位等行为的当事人列入失信人员名单，限制其享受相关公共服务；四是拓展里程费车载装置的应用场景和加大优惠力度，提高应用便利性，引导用户主动使用。

(5) 侵犯隐私风险

利用北斗自由流收费技术采集用户位置等个人信息，涉及是否侵犯个人隐私问题。一是自由流收费系统通过采集用户的位置及路径信息进行收费。驾驶人的地理位置、行驶路径、平均速度、里程数、路线偏好甚至生活方式等信息一旦被泄露，就会产生个人隐私被侵犯，甚至被不法分子利用的风险。二是不排除可能有媒体为了吸引眼球、增加流量等而恶意夸大宣传隐私问题，造成公众对隐私的担忧等负面影响，尤其是自由流收费技术直接与收费挂钩，更容易使公众反感，从而影响里程费改革的推进。

评估认为：一是根据《中华人民共和国民法典》（以下简称"《民法典》"）人格权编有关隐私权和个人信息保护的相关规定，如果管理部门不进行非法利用，不对外公开用户的行车信息，则不构成对用户个人隐私和个人信息的侵害；二是车载装置仅在收费路段记录车辆用户行驶路径，并非实时监控车辆的所有出行路径，最大限度地保护了公民隐私；三是对于用户信息，通过技术手段加强了安全管理，通过法律手段加强了规范使用；四是随着移动互联网技术和智能手机的普及，个人实时位置、路径、消费偏好等信息早已暴露在各种App中，公众为获得更便利的服务实际已经让渡大量出行信息。因此，防范隐私风险的核心在于隐私信息需要被安全管理和使用，需引导公众正确认识个人信息被利用和获取便利服务的关系，加强正面宣传。

(6) 社会舆论风险

任何一项改革本质上都是利益的重新分配，均会引发社会舆论，里程费改革涉及海南约127万名车主的利益，舆论焦点主要体现在：一是政府出台新的收费政策必然引发舆论。即便通过科学制定里程费费率确保每一类用户群体的平均负担水平有所降低，但对于每个公众个体而言，其实际负担可能有增有减，不可能做到所有用户负担均下降。即便是负担减少的公众，也会因政策更替引发的不适应而心生抱怨。而负担增加的公众更会心生强烈不满，甚至可能做出过激行为。二是海南省实施按里程计费的里程费模式,比现行车辆通行附加费模式更接近内陆省区市实施的收费公路收取车辆通行费模式,更会引发各路媒体对海南与外省的收费政策、收费负担进行对比,媒体甚至可能会为吸引眼球,而有意忽略海南的低费率、外省的高债务等,并夸大海南收费范围扩大、部分用户负担增加等负面影响,从而引发公众舆论。

评估认为:一是加强里程费费率体系科学论证。改革初年,燃油车用户里程费总体负担低于现行收费模式负担水平;各类型燃油车里程费负担低于现行收费模式平均折算负担水平;清洁能源汽车费率低于同类车型燃油汽车费率;里程费费率标准低于全国平均水平,确保大部分群体受益。二是做好推进里程费改革的各项便民措施,包括政策解释、车载设备安装和使用、缴费、查询、投诉、反馈等各个环节,实现政策的平稳过渡。三是做好宣传工作,加强里程费负担与车辆通行附加费、外省车辆通行费负担的对比分析,通过系统、全面、定量的对比分析数据,化解公众疑虑。四是加强基于里程费自由流收费技术的功能拓展,附加各种公共服务、商业化服务、便利化服务及各种优惠活动,使自由流收费技术应用成为公众提升生活品质的入口、消费的新时尚,形成一路畅行,行驶越多、消费越省、生活越便利的良性循环生态链。

(7)新能源车推广风险

海南省现行收费模式只对使用汽油和柴油的机动车辆征收车辆通行附加费,暂不对新能源汽车征费,主要原因:一是新能源车辆的市场化应用晚于《海南经济特区机动车辆通行附加费征收管理条例》的出台,因此该条例中并未涉及新能源车的收费问题;二是现行车辆通行附加费是依据能源消耗量征收的,而新能源车辆同样需要占用道路资源,并使道路产生磨损,按照"用路者付费"原则,应将其纳入征收范围,按照实际的道路行驶里程计费,由此将增加新能源车用车成本,可能存在不利于新能源车快速推广和普及的风险。

评估认为:针对上述风险,可采取以下措施:一是对新能源车辆实行差异化低费率,以促进其推广;二是加大宣传,告之公众即便不征收里程费,也将以定额方式对新能源车辆征收车辆通行附加费,以降低公众对两种征费方式费用落差的预期,三是视需要采取其他行政措施促进新能源车推广,如减税、增加充电设备、减少加油网点、禁售禁用燃油车等。

(8) 油品走私风险

目前,国家是在生产环节征收成品油消费税(含燃油税),海南省里程费改革后,海南省的汽油价格将下降1.85元/升(1.05元/升车辆通行附加费+0.8元/升燃油税)、柴油价格将下降0.7元/升。由此使得海南省汽油零售价格从现在高于内陆省区市1.05元/升变成低于0.8元/升,柴油零售价格低于0.7元/升,可能产生成品油向外省走私的风险。

评估认为:针对上述风险,可采取以下措施:一是在2025年海南自贸港建设全域封关运作前,加大对成品油走私的查处和打击力度;二是封关后,进行增值税、消费税等税费减并,在货物和服务零售环节征收销售税,可结合封关管理的有关规定,加强对成品油销售的全程监控管理。

9 里程费改革相关法律问题解析

9.1 里程费改革与《收费公路管理条例》的关系

根据《海南经济特区机动车辆通行附加费征收管理条例》第二条第二款"征收机动车辆通行附加费后,不再征收公路过路费、过桥费"的规定,海南现车辆通行附加费只替代公路过路费、过桥费,无法得出车辆通行附加费等同于公路过路费、过桥费的结论,特别是第二十三条第一款关于机动车辆通行附加费的使用范围的规定,并未局限在现行《收费公路管理条例》规定的二级以上公路,因此可以得出目前海南车辆通行附加费的收费范围是大于公路过路费、过桥费的,在征收标准设定以及资金支出使用方面都考虑了普通公路资金需求。

海南现行的依托燃油征收的车辆通行附加费征收模式,与设站收费模式存在很大差别,所以有理由不将《收费公路管理条例》作为其上位法依据,也就摆脱了《收费公路管理条例》对收费公路技术等级的限制。最新的《收费公路管理条例》(修订草案征求意见稿),将未来收费公路的技术等级局限为高速公路,不再允许建设其他技术等级的收费公路,对海南目前征收车辆通行附加费的模式不会产生影响。

然而,一旦实行里程费征收模式,若在近期仅取代车辆通行附加费,则与其他省区市实行的设站收费模式相比,除了收费技术存在巨大差别外,实质上无大改变。所以一旦脱下"燃油外衣",摆脱《收费公路管理条例》对其征收范围的限制,就需要依托《中华人民共和国海南自由贸易港法》(以下简称"《海南自由贸易港法》")授予海南制定海南自由贸易港法规的特殊立法权。但这与国家收费公路改革方向不符,在省人民代表大会立法审查时很难通过。

（1）对海南自由贸易港法规立法权的认识

2021年6月10日，第十三届全国人民代表大会常务委员会第二十九次会议通过《海南自由贸易港法》，其中第十条第一款对海南制定海南自由贸易港法规的特殊立法权作出了明确规定："海南省人民代表大会及其常务委员会可以根据本法，结合海南自由贸易港建设的具体情况和实际需要，遵循宪法规定和法律、行政法规的基本原则，就贸易、投资及相关管理活动制定法规（以下称海南自由贸易港法规），在海南自由贸易港范围内实施。"第十条第二款规定："海南自由贸易港法规应当报送全国人民代表大会常务委员会和国务院备案；对法律或者行政法规的规定作变通规定的，应当说明变通的情况和理由。"此外，第十条第三款规定："海南自由贸易港法规涉及依法应当由全国人民代表大会及其常务委员会制定法律或者由国务院制定行政法规事项的，应当分别报全国人民代表大会常务委员会或者国务院批准后生效。"

海南自由贸易港法规是在《中华人民共和国立法法》所设立的经济特区立法权之外创设的新型立法权实施形式，其较经济特区立法权具有更大的突破空间，同时将在再次修订的《中华人民共和国立法法》中予以明确。

从《海南自由贸易港法》的规定中可以看出，海南自由贸易港法规根据授权，可以结合海南自由贸易港建设的具体情况和实际需要，对法律、行政法规作出灵活性变通，也可以与现行的法律、行政法规不一致，只是需要办理相应的备案手续，并说明变通的情况。

对海南自由贸易港法规授权立法需要"遵循宪法规定和法律、行政法规的基本原则"，为了便于海南自由贸易港立法创新，对其的理解宜粗不宜细，所谓的"原则"应该被界定为法律、行政法规的基本原则，也就是法律或行政法规的立法精神和倾向，是对法律的制定、执行、适用、遵守和监督落实都具有普遍指导和约束意义的基本原理或者基本准则。例如，我国民法的基本原则是平等、自愿、等价有偿、诚实信用，刑法的基本原则是罪刑法定和罪刑相适应，行政处罚法的基本原则是行政处罚法定、处罚与违法行为相适应，等等。

若海南此次改革将收费公路的范围扩大至普通公路，虽然与《收费公路管理条例》（修订草案征求意见稿）的收费范围有所不同，但海南此次改革方案的总体思想并不违背《收费公路管理条例》的制定原则，仍然坚持普通公路的公益属性，对普通公路和高速公路的收费采取差异化收费标准，对普通公路设定较低的收费标准。总体方案只要不大幅度增加用户的负担，就仍然符合授权立法的精神，也仍然处于海南自由贸易港法规立法权限范围之内。

（2）经济特区立法权的实现程序

根据海南自由贸易港法规立法权，海南可以根据实际情况对法律或行政法规等作出相应的变通，但是根据《海南自由贸易港法》第十条的规定，需要对相应的立法进行备案，并且对变通的情况进行说明。对于变通的情况，全国人大常委会以及国务院仍然会进行相应实质审查，所以近期改革如果要突破对普通公路的收费限制，需要取得国务院的支持，将征收范围扩大至普通公路。远期改革将海南省作为里程费取代燃油税试点省区市，也需要事先取得全国人大常委会支持。

此外，城市道路的收费问题并不由《收费公路管理条例》进行规范调整。如果海南省决定将里程费的征收范围扩大至城市道路，虽然目前没有相关城市道路能否收费的上位法规定，但海南自由贸易港法规具有相应的立法权限。

9.2　强制安装里程费车载装置的正当性分析

（1）可能存在的风险

现代国家政府是公共利益的代言人，政府以促进公共利益为目的而限制个人权利的现象普遍存在。里程费制度建构中政府征收里程费的目的在于筹集公路建设的资金，从而满足公众的出行需求，属于公共利益的范畴。而里程费的收取以安装里程费车载装置为前提，政府为实现公共利益，以行政手段强制要求公民安装里程费车载装置。

如前所述，在强制安全里程费车载装置的过程中，公民可能被限制的基本权利包括自由权和财产权两个方面。

(2) 正当性判断依据

政府以维护公共利益为目的而强制要求安装车载设备的行为并不必然具有正当性，同时，政府对公民个人权利的限制也不必然不正当。当政府所维护的公共利益与个人权益产生冲突时，需要以一定的标准判断政府限制个人的行为是否正当。发源于德国的比例原则，是大陆法系国家判断政府行为正当性的重要依据。

比例原则的适用，一方面要判断政府行为的目的正当性，政府的任何行为都必须出于正当目的，有正当的目的才能证明政府对基本权利的限制是正当的，强制安装里程费车载装置的目的是征收里程费，而征收的里程费用于公路建设等方面，以满足公众的出行需求，因而其具有目的上的正当性。

另一方面要判断政府行为的手段正当性，比例原则为手段正当性的判断提供了三个子原则：一是适当性原则，又称妥当性原则，它是指公权力行为者的手段必须具有适当性，能够促进所追求的目的的实现。强制安装里程费车载装置的手段能够保证收取里程费目的的实现，因而符合适当性原则。二是必要性原则，又称最小损害原则，它要求公权力行为者所运用的手段是必要的，手段造成的损害应当最小。从手段的选择上来看，除了强制安装的方式外，还存在两种可能，一种是不采取任何措施，另一种是采取奖励、补贴等柔性措施，当这两种手段也可以发挥作用时，强制安装的手段便不满足最小损害的必要性原则。三是均衡性原则，又称狭义比例原则，它要求公权力行为手段所增进的公共利益与其所造成的损害成比例。就里程费而言，若在改革的第一阶段仅对新能源车辆征收却要求全部机动车辆强制安装里程费车载装置，则不满足均衡性原则；若仅在高速公路上征收却要求全部新能源车辆强制安装里程费车载装置，则也不满足均衡性原则，新能源车辆可以选择不在高速公路上行驶从而拒绝安装里程费车载装置；若征收范围扩大至全部机动车辆以及普通国省干线公路，则强制安装符合均衡性原则。

(3) 强制安装里程费车载装置符合比例原则，具有正当性

一是强制安装里程费车载装置目的正当。里程费的征收是为了满足公路建设、养护和运营等方面的资金需求，并通过差异化费率调节交通流量，提高道路通行效率，减少外部负效应，保护海南环境。

二是符合手段适当性原则。采取奖励或者补贴的柔性措施鼓励安装，或者在强制安装的同时提供定期定额收费的可选择模式，允许机动车主选择不安装而定额缴纳里程费，这虽然可以减少对公民权利的损害，但将增加巨大的行政成本，同时将给改革带来重大阻力，在允许选择的情形下，可能使得数量庞大的机动车主选择不安装，从而导致改革停滞，同时也构成对强制安装车载装置车主公平性的损害。因此，当其他替代选择的措施不能够满足里程费征收的目的时，强制安装里程费车载装置的行为就是必要、适当的。另外，从强制征收带来的影响看，安装里程费车载装置更有利于海南交通事业的发展，有利于保障全体公众的出行利益，也符合均衡性原则。

(4) 保证正当性的替代措施

基于利用比例原则的分析和判断，替代强制安装里程费车载装置的措施主要包括：

第一，基于均衡性原则的判断，在里程费改革的不同阶段，应当采取不同范围和不同程度的强制性安装手段，从而具体分析和判断其正当性。

第二，基于对财产权的强制限制，应考虑由政府承担或者通过保险等金融手段承担的方式，避免强制收取安装费用。

9.3 里程费改革与公民权利保护

(1) 隐私权保护

《民法典》关于隐私权和个人信息的区分，核心是私密性，《民法典》第一千零三十二条将隐私界定为自然人的私人生活安宁和不愿为他人知晓的私密空间、私密活动、私密信息。里程费征收过程中所采集的个人轨迹信息，一般情况下并不涉及这种私密性，但由于轨迹信息本身的内容可能涵盖某些信息主体不想为人所知的内容，比如去了某些私密场所等，此时所采集的个人信息就可能涉及私密性。根据《民法典》第一千零三十四条第二款，个人信息中的私密信息，适用有关隐私权的规定；没有规定的，适用有关个人信息保护的规定。因此，对于里程费征收中的某些私密信息，除了应遵循个人信息保护的规定外，还应遵守隐私权保护的规定。

（2）知情权和选择权保护

里程费以行政收费形式征收，保障公民的知情权与选择权是行政法上正当程序原则的基本要求。基于公民与里程费征收主体之间的公路使用和收费并提供服务的法律关系，可以参考《中华人民共和国消费者权益保护法》（以下简称"《消费者权益保护法》"）对知情权和选择权的保护规定。《消费者权益保护法》第八条明确规定了消费者享有知悉其接受的服务的真实情况的权利。消费者有权根据服务的不同情况，要求经营者提供服务的内容、规格、费用等有关情况。同时第九条对选择权也作出了规定，消费者享有自主选择服务的权利；消费者有权自主选择提供服务的经营者，自主选择服务方式，自主决定接受或者不接受任何一项服务；消费者在自主选择服务时，有权进行比较、鉴别和挑选。

参考《消费者权益保护法》中关于知情权和选择权的有关规定，当里程费征收范围限于高速公路内的机动车辆时，应当保证在机动车辆驶入高速公路前车主可以较为准确地获知可能产生的里程费，以帮助车主做出理性决策，是选择驶入高速公路而支付里程费费用，还是选择不驶入以支付时间或其他成本。

（3）个人信息保护

利用自由流收费技术征收里程费，将采集用户位移等个人信息，在这个过程中，应当遵守《民法典》和《中华人民共和国个人信息保护法》（以下简称

"《个人信息保护法》")有关个人信息保护的规定要求。《民法典》第一千零三十四条至第一千零三十九条和《个人信息保护法》规定了个人信息保护的内容,两者之间的差异更多地体现在责任承担方式上,若违反《民法典》相关条款内容,主要产生的是民事责任和侵权赔偿问题;若违反《个人信息保护法》,则会产生行政责任,即第六十六条所规定的行政处罚内容。因此里程费的征收主体,在征收过程中应当同时遵守《民法典》和《个人信息保护法》的相关规定。

在使用《民法典》保护个人信息时,应重点关注第一千零三十五条和第一千零三十八条。根据第一千零三十五条,在利用自由流收费技术采集用户位移等个人信息时,应当遵循合法、正当、必要原则,不得过度处理,具体包括应当征得用户或其监护人同意(法律、行政法规另有规定的除外),公开处理信息的规则,明示处理信息的目的、方式和范围,同时该条规定不得违反法律、行政法规的规定和里程费征收双方的约定。而第一千零三十八条则明确了信息处理者不得泄露或篡改其收集、存储的个人信息。

《个人信息保护法》第二十八条将行踪轨迹信息纳入敏感个人信息的范围,较一般个人信息,提出了更高的保护要求。其中,第二款对处理敏感信息的范围作了明确限定,只有在具有特定的目的和充分的必要性,并采取严格保护措施的情形下,个人信息处理者方可处理敏感个人信息。同时《个人信息保护法》还要求除法律、行政法规另有规定外,处理敏感个人信息应当取得个人的单独同意,个人信息处理者还应当向个人告知处理敏感个人信息的必要性以及对个人权益的影响。

(4)数据安全问题

对里程费的征收主体所采集的个人轨迹信息,及所形成的数据,在收集、存储、使用等过程中还需特别关注其安全问题。《中华人民共和国数据安全法》(以下简称"《数据安全法》")第三条明确了数据安全是指通过采取必要措施,确保数据处于有效保护和合法利用状态,以及具备保障持续安全状态的能力。根据《数据安全法》第二十七条至第三十条,里程费数据管理主体应当建立健全全流程数据安全管理制度，组织开展数据安全教育培训，采取相应的技术措施和其他必要措施，明确数据安全负责人和管理机构，加强风险监测，定期开展风险评估。

10 基于里程费改革的公路投融资创新

10.1 海南省公路交通投融资现状

自1994年交通规费改革以来，海南省以公路交通专项税费和"贷款修路""收费还贷"等政策为基础，形成"省级投资、市县筹资、统贷统还"的公路投融资模式，支撑了公路交通基础设施的跨越式发展，实现了"一脚油门踩到底"，对经济社会快速、健康发展发挥了重要的"先行官"作用。1988年建省以来至2020年底，海南全省公路总里程由12816公里增加到40163公里，高速公路由0公里增加到1254公里，二级及以上公路由382公里增加到3693公里，公路网密度达到118.5公里/百平方公里（在全国排第14名）。实现了县县通高速、村村通硬化路，建成以高速公路为主骨架、贯通全岛的国省道为主干线，县乡村道深入通达的公路网格局。

虽然海南省公路交通发展取得了巨大成绩，但随着经济社会发展、改革深入推进和交通运输事业的转型发展，以长期由政府主导、筹资渠道相对单一、主要依靠财政性资金投入、政府和企业负债率较低等为主要特点的海南省现行公路交通投融资模式难以满足未来建设发展需求，亟须通过改革创新开拓投融资空间，释放市场活力。

（1）筹资渠道

当前，海南省公路交通基础设施建设和发展资金来源以财政性资金（含地方政府债券资金）为主。截至2021年底，海南公路水路交通基础设施建设累计完成投资920亿元。公路总投资中政府性资金（含地方政府债券资金）来源占比超过70%，市场化融资部分不足30%，债务性资金来源占比较低。

在公路交通领域，资金主要来源于各级财政性资金（含中央车购税）、车辆通行附加费和政府债券等。与此相比，内地省区市在公路建设发展特别是高速公路建设投资中的融资渠道更加多元化，社会资本（含企业举借的债务性资金）投入占比更高。

> ● **案例10-1**
>
> **内地省区市高速公路建设投资构成**
>
> 截至2020年末，内地省区市已通车高速公路（基本全部为收费公路）的累计建设投资中，财政性资本金投入仅占16.7%，企业资本金投入占比14.7%，举借银行贷款及其他债务合计占比68.6%（其中政府举借收费公路专项债券占比1.2%）。

（2）债务情况

当前，海南省级公路债务余额整体不大，政府和企业负债率较低。现有的存量债务每年都被纳入部门预算，能保障及时足额偿还，基本上没有债务风险。企业方面，海南省交通投资控股有限公司（以下简称"海南交控"）资产负债率明显低于内陆省区市的省属国有交通企业平均资产负债率，公路债务能够实现有效偿还。

（3）通行附加费情况

车辆通行附加费是海南省公路建设资金的重要来源。"十三五"期间，车辆通行附加费收入稳步增长，五年来，共征收车辆通行附加费110.34亿元，为海南省交通基础设施建设提供了有力的资金保障。

在海南车辆通行附加费实际支出中，每年除根据国家规定按收入的3%计提地方水利基金支持水利建设外，其余资金均编入省交通运输厅部门预算管理。目前，省财政厅每年将车辆通行附加费收入预算的80%拨付给海南交控，由该公司统筹用于已划转该公司的高速公路债务还本付息支出和高速公路养护支出，其余20%统筹用于一般公路贷款还本付息、交通规费征稽机构经费偿还及非车用油补贴等支出。

（4）资金需求和供给

海南自贸港建设，以及全岛同城化、经济社会高质量发展、落实新发展理念和交通强国战略部署，都对"十四五"时期海南交通运输发展提出新的更高要求。根据《海南省"十四五"综合交通运输规划》，到2025年，力争全省交通基础设施建设投资五年累计突破2200亿元。初步预计其中公路交通建设领域计划投资额达1500亿以上。

参考"十三五"时期海南省公路投资构成情况，由于"十四五"期间建设任务明显加重，按现有政府来源资金支持力度初步预计，"十四五"期间公路建设资金缺口将达到800亿元以上，亟须通过投融资改革创新促进规划目标的实现。

10.2 主要问题与创新投融资模式的必要性

随着经济社会发展、改革深入推进和交通运输事业的转型发展，交通运输投融资环境发生较大变化，海南省现行公路投融资模式难以满足交通运输高质量发展的需要，亟须通过改革创新，建立基于里程费的公路投融资体系，促进公路交通高质量发展。

一是车辆通行附加费征收基础面临缩减，现有投融资模式不可持续，必须探索基于里程费的公路投融资模式。根据《指导意见》中关于加快生态文明建设的要求，海南省将加快推广新能源汽车，在海南逐步禁止销售燃油汽车。由于现行车辆通行附加费征收模式无法对燃气汽车和新能源汽车实现征收，随着《海南省清洁能源汽车发展规划》加快实施，车辆通行附加费总额和燃油税征收额不仅不能实现与公路使用里程量同步增长，还会逐步下降，如图10-1和图10-2所示。清洁能源的发展将对海南省交通资金来源造成比内陆省区市更严峻的双重冲击，导致未来海南交通高质量发展面临越来越大的资金缺口。里程费改革将税基从能源消耗量转为道路使用量，可避免运载工具本身的技术发展对公路建设融资的影响，保障了交通税费收入的可持续性，未来海南省公路交通投融资模式必须以里程费为基础进行重构。

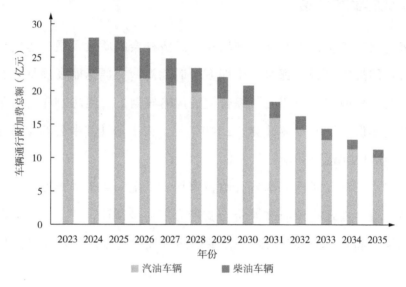

图10-1 现行收费模式下车辆通行附加费征收规模预测

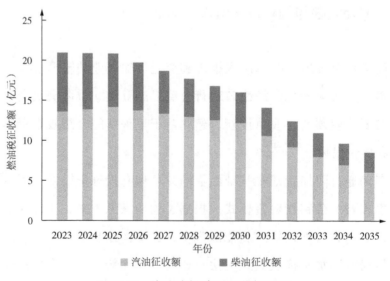

图10-2 海南省燃油税征收额预测

二是以政府当期投入为主的投融资模式难以满足未来建设需求,需要适当增加债务性资金投入。根据当前建设规划,"十四五"时期海南全省公路交通总投资额达1500亿元以上,如仍采取现行的交通投融资模式,需要财政性资金(含地方政府债券资金)1400亿元以上,达到"十三五"期间公路交通财政性投入的2倍以上,明显超出政府财政支持能力。必须以里程费改革为基础,通过发行长期债券和专项债券等方式,适当扩大债务性资金投入规模,支撑规划目标的实现。同时做好债务风险防范工作,加强制度顶层设计,合理确定债务规模,优化债务结构,保障发展的可持续性。

三是现行投融资模式难以吸引社会资本,需要打开以里程费为基础的投融资政策空间,激发市场活力。在国家新的财税改革形势下,公路建设发展除政府投资外,鼓励社会资本参与交通运输基础设施的投资建设和运营养护。由于目前海南省交通税费模式无法精准计量车辆使用道路的具体情况,又不能恢复"设卡收费"模式,社会资本难以参与海南的公路建设。必须通过里程费改革,精确计量具体路段的通行费收入,明确投资回报预期,同时建立基于里程费的投融资政策框架,为社会资本进入海南省公路建设市场打开政策空间。

四是公路交通投资过度依赖省级财政投入,需要加强市、县级公共财政投入,建立分级投入的财政资金保障体系。当前,全省公路交通投资来源主要依赖省级政府财政投入,市、县级公共财政投入不足;省级和市、县级公路交通发展事权不清晰、支出责任不明确。必须进一步明确由省级财政部门承担国道和省道的建设、养护、管理和运营,承担相应的支出责任;由市、县级财政部门负责农村公路(县道及以下公路)的建设、养护、管理和运营。通过改革建立以市、县级公共财政支持为主、省级财政支持为辅的农村公路资金筹措机制,为公路交通全路网建设提供更广泛、稳定的分级投入财政资金支持体系。

五是公路投资、建设、运营、管理专业化程度不高,亟须深化投融资管理体制改革。从全国范围看,内陆省区市普遍组建了省级交通平台企业承接省内主要的公路建设运营任务,并积极推进省级交通企业合并重组、做强做优。当前,海南省公路建设采用了代建制,由海南省交通工程建设局负责建设管理。由海南省公路管理局负责全省公路的养护、生产、管理。而海南交控作为省属公路交通国有企业，实际承担业务范围有限，专业化程度不高，缺乏市场竞争力。亟须深化投融资管理体制改革，整合优势资源，建立能满足高质量发展需求的新型公路管理体制。

因此，有必要从顶层设计入手，走出现行收费模式困局，系统改革海南现有交通税费体系，开展里程费改革，同时开展基于里程费的交通投融资模式创新，以构建持续、稳定的公路发展投融资渠道，支撑海南省公路交通的高质量、可持续发展。

10.3 投融资体系框架

（1）总体思路

指导思想：坚持以习近平新时代中国特色社会主义思想为指导，深入贯彻落实创新、协调、绿色、开放、共享新发展理念，统筹推进"五位一体"总体布局和协调推进"四个全面"战略布局，坚持系统化思维和全周期视角，充分发挥市场在资源配置中的决定性作用和更好发挥政府调节作用，充分调动省和市、县两级政府的积极性，建立"政府主导、分级负责、多元筹资、专业运营、风险可控"的公路投融资体制，构建投资、融资、建设、运营、还债良性循环机制，促进公路交通高质量发展。

主要思路：立足于海南自由贸易港建设，通过以政企分开、政资分开、特许经营、政府监管为主要内容的改革，创新投融资体制和机制，形成以公路建设长期债券为主，以收费公路政府专项债券、政府与社会资本合作（Public Private Partnership，PPP）和特许经营等其他融资方式为辅的投融资体系，为公路投融资市场注入活力和发展潜力。

在充分体现公路基础设施的公益属性基础上，发挥其资产的多样性特点，利用特许经营制度、PPP机制等引导社会资本进入公路投融资领域。对新建公路项目，通过发行公路建设长期债券、收费公路政府专项债券，以及特许经营、PPP等投融资模式筹集建设发展资金。对已通车公路，还可以通过转让特许经营权、公路资产证券化等投融资手段盘活存量资产。

里程费收入专项用于征收范围内公路建设、偿债、养护、运营支出，以及其他普通公路（含农村公路）养护支出。在进行市场化筹资时，将对应路段的里程费收入作为社会投资回报的主要来源。

（2）框架设计

当前，海南省高速公路（含专项公路）和普通国省干线公路主要由政府财政投资建成，形成的资产为政府性资产，融资成本较低，整体负债水平明显低于内陆省区市。创新投融资体制，可为各类融资方式打开政策空间。为吸取内陆省区市收费公路发展过程中债务性杠杆过高带来的教训，加强债务风险防范，应考虑继续以长期限、低成本资金为主要资金来源。考虑当前海南省公路资产性质和债务风险防控要求，建议未来海南省基于里程费的投融资体系框架以公路建设长期债券为主体，适当发展其他融资方式。

主要优势：一是更好地体现公路和里程费本身的公益属性，更好地与现有资产属性衔接；二是政府能够对里程费收入进行统筹分配，以适应各类公路统筹发展的需要；三是公路建设长期债券融资成本较低，近期还本压力小，与建设需求更匹配；四是未来在费率调整、支出范围和方式优化等方面，政府具有更灵活的操作空间以满足未来发展需求；五是避免内陆省区市收费公路过度依赖市场化筹资和金融机构贷款导致的债务余额过高、风险难以有效控制的弊端。

以其他融资方式为补充，通过将部分高速公路（含专项公路）的收益权授予企业，开拓投融资创新空间。该方法的主要优势包括吸引社会资本投资，适当增加债务性资金投入，在发展机遇期加快建设资金筹集速度等。

另外，关于其他融资方式占比，一方面，受限于较好的经营收益前景，以及能够吸引社会资本参与投资的潜力项目数量和规模；另一方面，政府也应主动控制这一比例，一是需要把控好全省公路发展的整体杠杆率和债务风险，二是要综合考虑长远发展需求，确保一部分优质路段收入用于公路建设长期债券债务偿还，保障整个路网的长期可持续发展。

10.4　里程费的资金属性和管理

里程费是基于"用路者付费"原则，运用自由流收费技术，精确计量支付的道路使用费用。

（1）资金构成和属性

里程费的替代范围为现有海南省机动车辆通行附加费和成品油消费税中的燃油税。里程费本质上为一种政府性收费。当前，海南省的高等级公路主要由海南省政府筹资修建，未来里程费收入仍将主要用于高等级公路的偿债、养护和运营支出及建设发展资金筹集。而特定路段根据特许经营协议将经营权转让，这一部分收入按照约定比例划为经营权所有者的经营性收入，由经营主体负责相应路段的偿债及养护、运营、管理，并可获得合理回报。

在里程费改革方案中，为保证不增加人民群众出行负担，高速公路的费率设定较低（比内陆省区市高速公路通行费费率平均水平略低），而普通国省干线公路的费率相对燃油税负担水平则有所提高，从而使得部分普通国省干线公路路段的对应收入也具有一定的投融资运作空间。

（2）资金管理

①推荐方案：纳入政府性基金预算管理。

目前，海南省车辆通行附加费收入被纳入政府性基金预算管理。里程费改革后，来自政府收费路段的通行附加费收入，仍可参照原模式定性为政府性基金收入。而如果所通行路段的收费性质为经营性路段，则这一部分收入可按照合同约定精确划归为经营权所有者的经营性收入，由征收机构直接将相应收入划转给经营权所有者，不再纳入政府性基金预算管理。

根据政府性基金相关管理制度，里程费专项须用于公路事业发展。《政府性基金管理暂行办法》（财综〔2010〕80号）第二条明确规定，政府性基金是指各级人民政府及其所属部门根据法律、行政法规和中共中央、国务院文件规定，为支持特定公共基础设施建设和公共事业发展，向公民、法人和其他组织无偿征收的具有专项用途的财政资金。

因此，里程费的资金用途应符合"专项用途"的要求，须特定用于公路基础设施建设和公路事业发展，并严格实行收支两条线管理，按国库集中收缴管理有关规定缴入国库，纳入政府性基金预算管理。

优势：更符合当前税费资金管理要求，也可与当前通行附加费管理体制较好衔接。

问题：纳入政府性基金预算管理后，收支管理受到较多的制度性约束，特别是不利于开展投融资模式创新。

②备选方案：按照交通专项费管理。

在收入管理体制中，将里程费收入整体按照交通专项费收入管理，设立由省交通运输厅、省财政厅等有关单位共同监管的交通专项资金账户进行管理。

其中，里程费收入主体由省交通运输厅及其授权单位统筹管理，主要用于偿债、养护和运营支出及建设发展资金筹集，同时统筹用于全省公路交通发展。在经营权已转让路段上收取的（包括按约定比例划给经营权所有者的）经营性收入由交通专项资金账户直接拨付给经营权所有者。

优势：在确保里程费收入的公益性和政府性的同时，一是有利于省交通运输厅整体统筹以支持全省公路发展，二是收支管理更加灵活，有利于开展投融资模式创新。

问题：当前，设立不列入政府性基金管理的交通专项费需要争取政策支持。

10.5 资金用途

从公路事业发展实际需要来看，里程费资金使用范围应包括公路偿债、建设和管养等。

现行《海南经济特区机动车辆通行附加费征收管理条例》第二十三条明确规定，机动车辆通行附加费的使用范围主要包括公路建设及偿还公路建设贷款本息、交通规费征稽事业和非车用汽油的补贴等。

> **《海南经济特区机动车辆通行附加费征收管理条例》**
>
> 第二十三条 机动车辆通行附加费的使用范围包括:
> (一) 公路建设及偿还公路建设贷款本息;
> (二) 交通规费征稽事业;
> (三) 涉及交通行业的公益事业及工业、农业、渔业、旅游业等非车用汽油的补贴;
> (四) 省人民政府规定的其他支出。

从车辆通行附加费每年实际支出可以看出:

一是偿还债务是主要支出方向,包括高速公路和一般公路建设债务。未来,随着海南省公路建设新一轮大发展,偿债仍将是里程费的主要支出方向。另外,由于里程费征收可精确识别道路的收益归属,里程费也可成为REITs、PPP等社会投资项目中社会资本的收益支出。

二是征管成本支出可能会降低。由于里程费征收与公众出行路径密切相关,具有较高的商业价值,其征管可依托科技企业等社会力量实现,所以征管成本可能降低。

三是公路养护成本可能增加。里程费征收范围不只限于高速公路,还将拓展到普通国省干线公路等,因此,里程费也可用于普通国省干线公路的养护支出。具体支出比例需视资金需求和征收总额统筹安排。

四是油站燃油税返还支出。由于里程费替代燃油税,而国家已在生产环节征收燃油税,因此需从里程费中返还油站已缴纳的燃油税。

另外,若如前文所述调整绿通政策,里程费支出可增加对重要农产品基地的补贴。

10.6 主要融资方式

为满足大规模建设资金筹集需要,延缓还本付息高峰时间,海南可探索发行地方公路建设长期债券，并将其作为未来海南公路交通融资的主要方式。由于里程费改革后，可以实现具体路段收益的精确计量，传统意义上适用于收费公路的融资方式如发行收费公路政府专项债券、转让经营权等，也可使用。

● 案例10-2

国家公路建设长期债券构想

"十四五"规划纲要提出"丰富债券品种，发行长期国债和基础设施长期债券"。当前，交通运输部正在研究建立公路建设长期债券制度，债券属性为政府债券，主要投向高速公路、专用公路和普通国省道项目。

2019年，交通运输部对建立公路建设长期债券制度进行了初步研究，目前仍在储备阶段。当前的主要发行构想为：

一是由中央人民政府发行国家公路建设长期债券，主要投向国家高速公路和普通国省道项目等。对于国家高速公路项目，允许国家公路建设长期债券与车购税资金共同作为项目资本金或用于PPP项目的补助资金，其余债务融资通过地方政府收费公路专项债券或社会融资解决。对于普通国省道项目，由国家公路建设长期债券、车购税资金共同给予地方支持。债券期限以30~50年为主，债券的利息主要通过中央财政一般预算收入偿还，本金主要由未来的车购税和一般预算收入偿还，前20年只付息不还本。

二是在现有地方政府收费公路专项债券的基础上，建立收费公路长期债券制度。发行主体为省人民政府，主要投向国家高速公路和地方高速公路项目，允许债券资金作为符合条件项目的资本金，实现债券资金与市场化融资相结合。债券期限根据政府收费公路偿债期限来确定，债券本息由通行费收入、广告和服务区经营收入以及收费公路权益转让收入等偿还，前20年只付息不还本。

地方公路建设长期债券本息由全省公路里程费收入、广告和服务区经营收入、经营权转让收入等偿还。

（1）发行类型

①按照政府债券发行。

可以省政府为发行主体，由省级财政部门负责具体发行工作，以海南全省里程费收入为主要偿债资金来源（还包括广告和服务区经营收入、里程费权益转让收入等），发行海南政府公路建设长期债券。

主要优势在于有政府信用背书，预计融资成本更低。但发行额度等会受到地方政府债务总额等的限制。

②按照企业债券发行。

考虑到按照企业债券发行存在的实际困难，可探索设立公路资产持有和债务偿还机构，发行企业长期债券。主要偿债资金仍然为里程费收入。其优势在于发行条件更加灵活，但预计融资成本相对政府长期债券稍高一些。

（2）发行期限和方式

①预计发行的债券期限初步以30～50年为主，前20年只付息不还本。

②参考三峡债等企业债券现行发行方式，发行30年起债券，到期一次性还本付息。

由于海南省里程费收入具有没有收费期限限制、可以统筹全省政府性公路收入等特点，未来可探索发行50～100年的超长期限债券，实现公路项目收益和融资在全生命周期内的自平衡。

● **案例10-3**

三峡债发行情况

自1996年发行国内首支上市交易企业债券起，中国长江三峡集团有限公司(以下简称"三峡集团")引领资本市场直接发债融资已有20余年。1994年国务院批准长江三峡工程总体筹资方案时,确定长江三峡工程的静态投资总额为900.9亿元。如果综合考虑工期内的物价上涨和利息等因素,动态投资总额为2039亿元。1993—2005年,工程的资金需求逐年上升;2005—2009年工程收尾阶段,资金需求呈下降趋势,但仍旧保持在每年100亿~200亿元的水平。

为利用资本市场,增加市场融资的份额,发挥"磁铁效应",1997—2003年的二期工程建设期间,三峡集团逐步增加了市场融资的份额,优化了融资结构。1996—2005年,三峡集团共发行了8个品种的企业债券。三峡债以其合理的定价水平、符合国际惯例的发行方式、良好的流动性和较高的信用等级,成为其他企业债券的定价基准,目前约90%的债券为机构投资者购买,被称为"准国债""龙头债"。

(3)资金成本

初步估计,未来如果发行期限为30年以上的公路建设长期债券(之前30年来的国债发行票面利率见图10-3),票面利率将在4.0%~4.3%之间。参考案例:①我国当前已发行的期限最长的企业债券为2003年发行的03三峡债,发行总额为30亿元,发行期限为30年,票面利率为4.86%;②2006年长江电力发行的06三峡债,发行总额为30亿元,发行期限为20年,票面利率为4.15%;③从近期发行情况看,2020年第二期中国铁路建设债券,发行期限为20年,票面利率为3.97%;④2021年发行的21国债05,发行期限为30年,票面利率为3.72%。

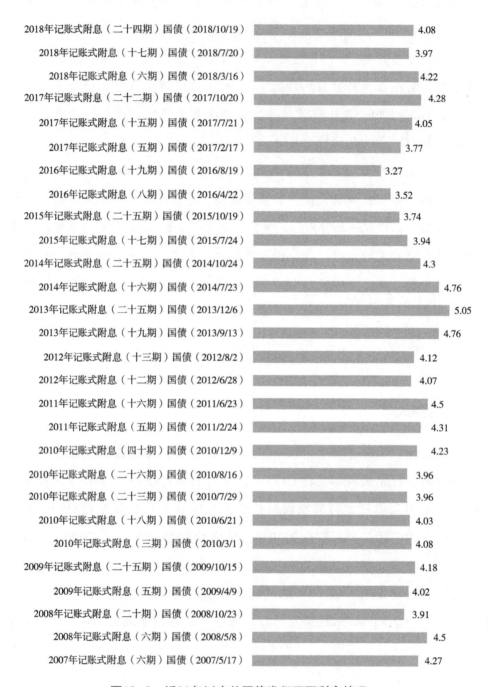

图10-3　近30年以来的国债发行票面利率情况

（4）发行规模

①筹资需求。

如10.1节分析，如政府性资金投入（含地债资金）无法根据建设任务需求大幅增加，则上述资金需求主要需要通过新增债务性资金和引入社会资本来满足，预计"十四五"期间公路建设资金筹资需求将达到800亿元以上。

以总筹资831亿元预计，假设可通过引入社会资本参与高速公路、旅游公路等的建设，增加社会资本投入资本金50亿元，按30%资本金比例估算，社会资本方通过市场化方式筹集债务性资金117亿元，合计筹资167亿元，则至少还需政府筹资664亿元。除大幅增加政府性资金投入外，还可选择采用发行地方政府收费公路专项债券、政策性银行贷款、公路建设长期债券等方式筹集债务性资金。

②还款能力。

若将全省里程费收入作为长期债券的主要偿债资金来源，根据相关法规和政策具体规定，以及实际偿债需求，可考虑将成品油税费改革新增收入转移支付资金、未来的车辆销售税收入等作为专项资金纳入偿债资金来源。

2021—2022年年均车辆通行费收入为27.2亿元，成品油新增转移支付资金为13.9亿元，年均车购税收入为17亿元，年专项资金收入合计58.1亿元。如保持现有支出方式不变，即车辆购置税（及未来的车辆销售税收入）主要作为建设资本金等投入，成品油税费改革新增收入转移支付资金主要作为养护资金投入，则偿债的主要资金来源为车辆通行附加费收入（2023年改革后为里程费收入）。

参考车辆通行附加费现有支出结构，假设每年将里程费收入中的10亿元用于偿还新增公路建设长期债券利息（其余继续用于偿还其他债务、建设和养护等其他支出等），以4%利率粗略估计，可支持新增发行债务最大规模为250亿元（仅考虑前20年付息需求）。

如将27亿元里程费收入全部用于偿还新增债务利息，可支持新增发行债务最大规模为675亿元（仅考虑前20年付息需求），但需要筹集其他资金满足原有建设、养护等需求。2023年实施里程费改革后，为保证人民群众出行负担不增加，2023—2025年政府可支配里程费收入与改革前总体接近，基本符合上述估算结果。

若里程费对应新增债务规模超过上述最大估算值，例如"十四五"时期剩余资金缺口664亿元全部由政府通过发行公路建设长期债券或其他类似债务性资金筹集，则"十四五"末期新增利息支出将达到29.1亿~32.3亿元，超过政府可支配里程费收入（不含燃油税转移部分），不仅需要将全部里程费收入用于付息，同时还需要动用部分燃油税转移支付资金和车购税收入用于偿还债务利息。将这些资金用于偿债，不仅将影响这些资金的原有正常用途，也存在较大的制度障碍。考虑债务风险控制及其他支出保障，建议"十四五"时期，政府筹资中新增公路债务规模不超过500亿元。

2025—2030年，预计里程费收入将进一步增长，现有债务规模也将大幅增长，导致偿债支出也大幅增长，而新增债券发行空间较为有限。

● 案例10-4

太平洋铁路

早期，美国铁路交通基础设施建设使用了大量债券资金。当时，美国各州为补助私营铁路公司进行铁路建设，大量发行州债券，这些债券主要向国外推销，债券成为美国募集铁路资金的主要方式。截至1898年，美国铁路债券达到90亿美元，远超美国国债总额。19世纪末20世纪初，美国修建铁路20万公里，所需资金的80%来自欧洲资本市场。

太平洋铁路起点是内布拉斯加州的奥马哈，终点是加利福尼亚州的萨克拉门托，全长3000多公里。1862年，美国总统林肯批准通过第一个建设太平洋铁路法案——《太平洋铁路法案》，该法案规定由联合太平洋铁路公司和中央太平洋铁路公司共同承建太平洋铁路，并规定以联邦政府发债的方式筹集修路资金。该法案规定了30年的联邦贷款（债券）利率为6%，具体数额取决于贷款（债券）等级的难度。对于"容易等级"，政府为每英里施工发行1.6万美元的债券；在落基山脉和内华达山脉之间的高原上，政府为每英里铁路施工发行3.2万美元的债券；在施工极其困难的山区，政府为每英里铁路施工发行4.8万美元的债券。在整条铁路线正常运行前扣留了部分资金。若未能在1874年1月1日之前建成整条铁路线，那么公司将丧失所有权利。1864年，《太平洋铁路法案》经过了重要修订，允许两家公司以6%的利率发行30年期债券，其中，联邦政府支付第一年的利息，并保证接下来的29年的利息支付。经批准，发行额度为每英里2.4万~9.6万美元不等。为了加强公司债券的市场化，修订法案规定公司发行的债券相比政府发行的债券具有优先抵押权。1869年5月10日，太平洋铁路建成通车。此时，联合太平洋铁路公司的资本总额达到1.11亿美元，其中7400万美元是债券。

参考文献

[1] 虞明远，耿蕤. 海南省里程使用费改革总体方案研究[R]. 交通运输部公路科学研究所, 2019.

[2] 耿蕤. 海南省里程费费率体系研究[R]. 交通运输部公路科学研究所, 2020.

[3] 冯开. 基于海南省里程费改革投融资创新研究[R]. 交通运输部公路科学研究所, 2021.

[4] 耿蕤. 海南省车辆通行费征收模式现状比较与完善研究[R]. 交通运输部公路科学研究所, 2017.

[5] 陈志宇. 海南省新能源车辆通行附加费征收办法研究[R]. 交通运输部公路科学研究所, 2018.

[6] 刘剑文,熊伟. 税法基础理论[M]. 北京：北京大学出版社，2004.

[7] 曼昆. 经济学原理：微观经济学分册[M]. 7版. 北京：北京大学出版社，2015年.

[8] 中国的高速公路：连接公众与市场，实现公平发展[R]. 世界银行，2007.

[9] 黄俊杰. 特别公课类型化及其课征正义之研究[J]. 台北大学法学论丛，第50期.

[10] 张守文. 财税法疏议[M]. 北京：北京大学出版社，2005年.

[11] [美]埃里克·M·佩塔斯尼克. 郭晓冬，等译. 美国预算中的信托基金[M]. 上海：上海人民出版社，2009.

[12] 杨建平，田春林. 美国联邦资助公路的发展与监管制度的研究[M]. 北京：人民交通出版社股份有限公司，2016.

[13] 束明鑫. 公路资金政策国际比较[J]. 交通世界. 2001，第8期.

[14]. 聂育仁. 发达国家公路建设资金的来源有哪些[J]. 国际融资. 2009，第1期.

[15] 外国税收征管法律译本组译. 外国税收征管法律译本[M]. 北京：中国税务出版社，2010.